Von Erma Bombeck sind außerdem bei BASTEI-LÜBBE erschienen:

Erma Bombeck

Guten Morgen, lieber Tag!

Kinder, die den Krebs besiegen

Aus dem Amerikanischen
von Dirk Muelder

Überarbeitet und erweitert
von Barbara Reinecke

Mit 17 Kinderzeichnungen

BASTEI
LÜBBE

BASTEI-LÜBBE-TASCHENBUCH
Band 11830

© 1989 für die deutschsprachige Ausgabe by
Gustav Lübbe Verlag GmbH, Bergisch Gladbach
Printed in Germany Mai 1992
Einbandgestaltung: Roland Winkler,
unter Verwendung einer Illustration von
Marek Mann, Köln
Satz: Fotosatz Böhm GmbH, Köln
Druck und Bindung: Ebner Ulm
ISBN 3-404-11830-8

Der Preis dieses Bandes versteht sich
einschließlich der gesetzlichen Mehrwertsteuer

Danksagung

Wir danken dem Dachverband Deutsche
Leukämie-Forschungshilfe – Aktion für krebskranke
Kinder e. V., Joachimstraße 20, 5300 Bonn 1,
daß er Bilder und Zeichnungen für die deutsche
Ausgabe des Buches zur Verfügung gestellt und uns
beratend zur Seite gestanden hat.

Alle Einkünfte der Autorin aus der deutschsprachigen
Ausgabe dieses Buches gehen an die
»Kinderhilfe in der Deutschen Krebshilfe e. V.«
und an die Aktion für krebskranke Kinder e. V.«,
Joachimstraße 20, 5300 Bonn 1.

Inhalt

Vorwort

Ein Kind erkrankt an Krebs, ein Schicksal, das bei den Beteiligten große Betroffenheit auslöst. Neben den oft sehr langwierigen und aggressiven Therapien mit ihren qualvollen Nebenwirkungen spielt die seelische Belastung des Kindes eine nicht zu unterschätzende Rolle.

Ein Kind wird vom Tag der Diagnosestellung an plötzlich und vollkommen unvorbereitet aus seinem gewohnten Leben, seiner vertrauten Umgebung, aus dem unbeschwerten Kindsein herausgerissen und in eine Erwachsenenwelt gestellt. Eine Welt, in der die Erwachsenen viele Fragen mit Schweigen beantworten. Dies hat zur Folge, daß die Kinder und Jugendlichen sich eigene Gesetzmäßigkeiten und Regeln schaffen. Sie nehmen die Ratlosigkeit und Unzulänglichkeit ihres Umfelds zum Anlaß, sich die Dinge auf ihre Weise zurechtzulegen.

Viele der Betroffenen sehen z. B. in der Möglichkeit, ironisch, ja oft brutal mit sich selbst umzugehen, einen Weg, diesen extremen Bedingungen zu begegnen.

Hier setzt das Buch von Erma Bombeck an. Weit entfernt von jeder medizinischen Fachsimpelei ebenso wie von rührseliger Schicksalsschilderung hat sie etwas festgehalten, das für alle, die mit der Krankheit Krebs in Berührung kommen, hilfreich und nutzbringend sein kann.

Die beeindruckenden Äußerungen und authentischen Berichte der kleinen Patienten wie z. B. die Erlebnisse der vierjährigen Erin in dem Kapitel »Für die Chemotherapie mußt du Haare lassen«, können kranken Kindern helfen, schlimme Erfahrungen wie etwa den Verlust ihrer Haare leichter hinzunehmen.

Den Erwachsenen soll das Buch verdeutlichen, daß Optimismus und Humor viel wertvollere Wegbegleiter im gemeinsamen Kampf sind als Hoffnungslosigkeit und Mitleid. Ich möchte dieses Buch allen Eltern, die betroffen sind, ans Herz legen, weil sie dann vielleicht etwas klarer in die seelische Befindlichkeit ihres Kindes blicken können, der sie oft so ratlos gegenüberstehen. Aber auch all denen, die gesunde Kinder haben, die glauben, Krebs sei nur etwas für die anderen, und die eben deshalb so leichtfertig die Individualität ihrer Kinder auf morgen vertagen, kann die Lektüre ein Anstoß zum Nachdenken sein.

Was für mich dieses Buch so lesenswert macht, ist die Tatsache, daß die Autorin sich selbst weitgehend zurücknimmt und diejenigen zu Wort kommen läßt, die etwas zu sagen haben.

Die Erfahrungen im Umgang mit krebskranken Kindern und Jugendlichen, von denen Erma Bombeck auf diesen Seiten berichtet, habe ich so oder ähnlich selbst gemacht, seit ich im Sommer 1988 den Bereich der Kinderkrebshilfe in der Deutschen Krebshilfe übernommen habe. Ich muß sogar zugeben, daß auch ich heute noch nicht gänzlich unbefangen bin, wenn ich mit jungen Krebspatienten zusammentreffe. Aber eines ist meines Erachtens besonders wichtig: daß wir eine gemeinsame Sprache sprechen. Ich war aus diesem Grunde gern bereit, für Erma Bombecks

Buch dieses Vorwort zu schreiben, denn es ist in eben dieser Sprache geschrieben: direkt, lustig, ohne Umschweife.

Auch die Kinderzeichnungen, die dieses Buch enthält und die von amerikanischen und deutschen krebskranken Kindern stammen, zeugen von ihrer Bereitschaft, sich mit ihrem Schicksal auseinanderzusetzen: Bei aller Nachdenklichkeit sind ihre Lebenszugewandheit und ihre Hoffnung groß.

Ich wünsche und hoffe, daß dieses Buch möglichst vielen unmittelbar und mittelbar vom Krebs Betroffenen das tägliche Miteinander vereinfacht, erleichtert, »normalisiert«. Der Weg zu diesem Ziel bedeutet vielleicht für manche einen schwierigen Lernprozeß, aber am Ende dieses Weges sollte ein Satz stehen, den einmal ein krebskrankes junges Mädchen nach einem Gespräch zu mir gesagt hat – ein Satz, der für mich persönlich ein großes Kompliment war: »Sie waren ja ganz normal zu mir.«

Cornelia Scheel

Einführung

Immer, wenn ich erwähnte, daß ich ein neues Buch schriebe, lächelten die Leute und fragten: »Worum geht es denn diesmal?«

Wenn ich ihnen sagte, daß es ein Buch über Kinder sei, die Krebs haben, veränderte sich ihr Gesichtsausdruck. Schmerz trat in ihre Augen. Ihr Lächeln verschwand, und ihre Lippen wurden schmal. Sie sahen mich mitleidig an. Als ich erklärte, daß mein Buch auch Humor und Optimismus widerspiegeln würde, veränderte sich ihr Gesichtsausdruck erneut. Sie blickten mich an, als hätte ich meinen Verstand verloren. Krebs und Optimismus gelten auf diesem Planeten offenbar als unvereinbar.

Und da wurde mir klar: Sobald krebskranke Kinder jemanden anschauen, sehen sie immer wieder in solche Gesichter. Dann drücken alle Mienen, die sie um sich herum erblicken, Trauer, Schockiertsein und Mitleid aus. Oder, schlimmer noch, diese Menschen zeigen Angst und Scheu gegenüber den Kindern, die das Schicksal doch zum Leiden-Müssen bestimmt habe.

Okay, um ehrlich zu sein: Ich hatte auch so ein beklemmendes Gefühl in der Brust, als mich Ann Wheat, eine junge energische Leiterin vom Camp Sunrise in Arizona, zum Lunch einlud, um ein »Projekt« zu diskutieren. »Krebskranke Kinder brauchen ein Büchlein oder ein Heft, irgend etwas, das ihnen Mut macht«, sagte sie. »Diese Kinder sind wegen ihrer Krankheit und der Behandlung isoliert. Ich glaube, Sie können sich nicht vorstellen, wie wichtig es für sie ist, die Stimmen ihrer Mitschüler, ihrer Geschwister, Großeltern, Ärzte, Berater, Lehrer, Freunde und Eltern zu hören – von Menschen, die mit ihnen diesen Alptraum teilen.«

Ann sah mich fest entschlossen an: »Sie können etwas Aufmunterndes schreiben. Ich weiß, daß Sie das können. Also, ich wette, Sie wußten noch nicht, daß die Teenager Wettbewerbe austragen, wer von ihnen während der Chemotherapie sein Essen am längsten bei sich behalten kann.«

Beruhige dich, Herz, schlage nicht so wild! War das die Art von Humor, mit der ich nun leben mußte, über die ich schreiben und von der ich mich ernähren würde? Ich brachte kein Wort heraus, winkte statt dessen der Kellnerin zu, damit sie mir die Rechnung brachte.

Ann feuerte ihren letzten Schuß ab: »Sehen Sie mal, zwischen vierzig und neunzig Prozent der Kinder da draußen, die Krebs haben, werden ihn überleben. Und erst recht die anderen, deren Kampf vergebens ist, haben es nicht verdient, daß man sie abschreibt. Nein, sie verdienen, daß man ihnen eine Gelegenheit gibt, ihr Leben so normal wie möglich zu gestalten.«

Ann hatte ja recht. Ich könnte, dachte ich, ein paar Statistiken zusammentragen, mich mit einigen Leuten unterhalten und in ein paar Monaten so ein Büchlein leicht zusammenstellen.

Im Juli 1987, an einem Mittwochmorgen, flog ich zum

Camp Sunrise, das in der Nähe von Payson, Arizona, liegt, um mich mit meinem Material vertraut zu machen. Es war ein ganz gewöhnliches Ferienlager mit muffig riechenden Zelten und jeder Menge Moskitos.

Und ganz gewöhnlich waren auch die eigentlichen Ziele dieser Camper, sie unterschieden sich in nichts von denen anderer junger Zeltlagerbewohner:

1. Lebensmittel dazu zu benutzen, wofür sie gedacht waren, nämlich als Wurfgeschosse;

2. sich nicht zu waschen;

3. der Campleitung die Hölle heiß zu machen. Letzteres gelingt immer – am besten mit einem Mitternachtskonzert von sechzig Kindertrompeten. Oder indem man das Fahrrad der Krankenschwester am Sprungbrett aufhängt. Oder auch dadurch, daß man in die Betten der Berater Sachen legt, die nachts loskrabbeln und die Ärmsten in Panik versetzen.

Doch waren da auch Unterschiede zu anderen Camps, und die waren nicht gerade subtiler Art: In einer Blockhütte fanden sich künstliche Gliedmaßen und ein Rollstuhl. Die Köpfe mehrerer Kinder in diesem Camp waren kahl. Eine einbeinige Beraterin erzählte mir, sie hätte eine Stadt in Mexiko, gleich hinter der Grenze, besucht, in der gerade besonders viele Autos aufgebrochen würden. Deshalb habe sie ihre Prothese abgenommen und sie während ihrer Abwesenheit so in das Fenster ihres Wohnwagens gestellt, daß ein etwaiger Einbrecher denken mußte, es sei jemand drin. Nicht gerade konventionell als Verbrechensbekämpfung, aber es wirkte.

Doch gab es noch ein anderes Ritual, das zeigte, wie einzigartig diese Camper waren. Gegen drei Uhr nachmittags stiegen kleine Kinder mit rutschenden Socken und Löchern in Jeans, durch die ihre Knie schauten, von den Bäumen herunter, kamen von Klettertouren und von den Spielplätzen zurück. Sie alle begaben sich in einen kleinen Raum mit einem handgemalten Schild an der Tür, auf dem »MED SHED«, »Medizinhütte« stand.

Sandra Priebe, die sich selbst als »Mädchen für alles« im Camp Sunrise beschreibt, hatte dieses Ritual viele Sommer lang beobachtet. »Niemand braucht es ihnen zu sagen«, erklärte sie mir. »Sie wissen es. Es ist Zeit, die Medizin einzunehmen. Sie stoßen die Tür auf und lassen ihre Kindheit hinter sich zurück.«

Sandra berichtete von dem zehnjährigen Sean, wie er sich auf seinen Platz an den quadratischen Tisch mit den dünnen Beinen setzt, wie der lausbübische Ausdruck aus seinen Augen verschwindet und er den Blick eines Adlers bekommt. »Sein kleiner Körper und sein medizinischer Sachverstand passen nicht richtig zusammen. Er überfliegt die Ergebnisse einer Blutanalyse so rasch und routiniert wie seine Altersgenossen ihre Comics. Wenn man ihm sein Plastikschälchen mit den Medikamenten reicht, erklärt er der Schwester die Behandlung, und sie hört zu. Die Mittel werden injiziert, die Einstiche abgetupft. Der Junge verläßt die Hütte, um seine gewohnten Tätigkeiten wieder aufzunehmen: im Matsch wühlen, Mädchen veralbern und sich auf den Bäumen die Jeans zerreißen.«

Als es gegen Nachmittag wie üblich zu regnen anfing, gesellte ich mich zu einer Gruppe von zehn Teenagern, die alle zusammen in einem engen, kleinen Wohnwagen kochten, der gerade mal für ein verliebtes Pärchen ausgereicht hätte, das zum erstenmal durch Amerika reist. Es war die

Stunde, die man im Camp dafür reserviert hatte, Gefühle zu erforschen und mitzuteilen.

Ich zwängte mich an einem hübschen neunzehnjährigen Mädchen vorbei. Es hatte sich so auf den Küchentresen gestützt, daß es halb im Spülbecken lag. Ein Junge wiederum hatte alle viere von sich streckend das Bett für sich allein eingenommen und starrte die Decke an. Wir anderen drängten uns um einen kleinen Tisch herum. Glücklicherweise drückte jemand eine Fensterscheibe ein.

Als sie miteinander sprachen, sah und hörte ich, wie einzigartig sie waren. Diese Kinder hatte man mit Nadeln gestochen, geröntgt, mit Liebe fast erstickt, ausgelacht, punktiert, verwöhnt, allein gelassen, bemitleidet, beraten, als Versuchskaninchen benutzt, belogen, bemuttert, zum Teufel gewünscht und angestarrt. Zugehört aber hatte man ihnen nur selten.

Dies waren Kinder, die zu einer Periode der Ungewißheit und der Schmerzen verurteilt waren, wie sie gewöhnlich nur älteren Menschen auferlegt wird, die ein langes, reiches Leben hinter sich haben. Diesen kleinen Leuten hatte das Schicksal auf die Schulter getippt und gesagt: »Wir unterbrechen jetzt dein Leben, um dir eine schreckliche Nachricht mitzuteilen.«

Ich erwartete, daß sie ihrem Zorn über die Krankheit freien Lauf lassen würden, die sie an diesem Julinachmittag in dem stickigen Wohnwagen zusammengebracht hatte. Aber ich hörte nichts dergleichen.

Ich erwartete Verzweiflung über die schlechten Karten, die das Leben an sie ausgeteilt hatte. Auch davon war keine Rede.

Ich erwartete Angst vor einer Zukunft, die ihnen nichts

Gutes versprach. Niemand sagte etwas, das mit Angst zu tun hatte.

Sie unterhielten sich vielmehr über Leute, die sich nicht über jeden einzelnen Tag ihres Lebens freuen und dankbar dafür sind. Ein Achtzehnjähriger erzählte von seinen drogenabhängigen Freunden. Er hatte ihnen gesagt: »Wollt ihr Drogen nehmen? Dann macht mal ein Jahr lang Chemotherapie. Die Wirkung ist dieselbe, und ihr fühlt euch dabei genauso scheußlich.«

Sie sprachen davon, wie wundervoll es wäre, wenn die Leute sie mit ihrem Mitleid verschonten. »Wir brauchen ab und zu auch mal Haß«, sagte einer. »Ich hatte letztes Jahr eine Lehrerin, die mich schon am ersten Schultag anschrie: ›Setz dich hin und sei ruhig!‹ Sie behandelte mich nicht anders als die anderen. Da wußte ich, daß es ein gutes Schuljahr werden würde.«

»Ja«, sagte ein sechzehnjähriger Junge. »Es ist, als ob die Leute um einen herum andauernd flüstern. Und lachen tun sie nie. Mann, ohne Sinn für Humor hätte ich es nicht bis hierher geschafft.«

Wie ich sie so über ihr Leben sprechen und lachen hörte, kam *ich* mir plötzlich wie ein unwissendes Kind vor. *Sie* waren die Erwachsenen, die alles wußten und kannten und erklären konnten. In diesem Augenblick begriff ich, daß diese Kinder etwas Besseres als Eimer voller Tränen und öffentliches Mitleid verdienen. Was sie zu sagen hatten, war viel zu wichtig, als daß man es wegpacken durfte wie ein verblichenes altes Photo. In einer Welt, der es an Vorbildern mangelt, verhalten sie sich vorbildlich, die Maßstäbe, die sie setzen, werden niemals zu übertreffen sein.

Sie probieren Medikamente aus und dienen als experimentelle Nadelkissen in einem Krieg, der die Ausrottung einer der verheerendsten Krankheiten dieses Jahrhunderts zum Ziel hat. Ohne sie wäre der Gedanke, dieses Buch zu schreiben, nie aufgekommen, dieses Buch, das davon handelt, wie man den Krebs besiegt.

Die Überlebensraten, die 1989 vom St. Jude Children's Cancer Research Hospital in Memphis aufgelistet wurden, könnten als nationales Denkmal ihres Mutes dienen. Seit 1962 ist die Überlebensrate bei der akuten lymphozytischen Leukämie von 0 auf 60 Prozent, beim Ewing-Sarkom von 5 auf 60 Prozent, beim Non-Hodgkin-Lymphom von 6 auf 80 Prozent, bei der Hodgkinschen Krankheit von 50 auf 90 Prozent, beim Retinoblastom von 75 auf 90 Prozent, beim Wilms-Tumor von 50 auf 90 Prozent und beim Osteosarkom von 20 auf 60 Prozent gestiegen. Aber wichtiger noch ist: Das Dasein dieser Kinder selbst gibt uns das richtige Gefühl dafür, worum es eigentlich in diesem Leben geht – sofern wir ihnen zuhören.

Die Hoffnungslosigkeit, die ich in meinem Innern mitgebracht hatte, löste sich auf. Die Antwort lag irgendwo in diesen zehn Kindern. Sie schienen sich auf ihren gemeinsamen Feind eingestellt zu haben und waren bereit, ihn mit aller Entschlossenheit zu bekämpfen. Ich fand es unmöglich, sie zu bemitleiden – denn Mitleid gilt ja gewöhnlich denen, die keine Kraft zum Kämpfen haben.

Diese zehn Kinder – sie erinnerten mich an Kerzen im Wind, die zwar die Möglichkeit akzeptierten, daß ein Luftzug, der von irgendwoher kommt, sie auslöschen kann, deren Leuchtkraft aber, solange sie flackern und tanzen, um am Leben zu bleiben, der Dunkelheit trotzt und die uns, die wir ihnen zusehen, blendet.

Der Regen hatte aufgehört, als wir hinausgingen. Unter den letzten, die den Wohnwagen verließen, waren Sandy und Anna. Sandy, das Mädchen, das halb im Spülbecken gelegen hatte, war die Betreuerin in der Gruppe. Sie hat die Hodgkinsche Krankheit, auch Lymphogranulomatose genannt.

Ihre Freundin Anna hat gerade die High School (10. Klasse) abgeschlossen. Eine khakifarbene Armeemütze saß auf ihrem Kopf. Sie strahlte über das ganze Gesicht. Anna war wegen Leukämie in Behandlung.

Die beiden hakten sich unter und wateten durch den Schlamm. Sie steckten die Köpfe zusammen und tuschelten. Dann sahen sie zu mir herüber, und Sandy fragte mich: »Sie kommen also oft her?« und dann, mit dem unschuldigsten Gesicht: »In welchem Tierkreiszeichen sind Sie denn geboren?« Ehe ich antworten konnte, kicherte Anne: »Krebs natürlich.«

Die beiden sahen mich an und warteten – nicht vergeblich – auf meine Reaktion. Ihr Verhalten war einfach skandalös, und das wußten sie sehr wohl. Und meine Wut auf sie, glaube ich, tat ihnen gut.

Als ich wieder nach Haus flog, fragte ich mich, ob ein optimistisches Buch über Krebs möglich sei. Würde ich es wagen, diese jungen Leute von ihrem Sockel herunterzuholen, auf den wir Gesunden sie seit jeher gestellt haben? Es sind doch Kinder, die gegen eine Krankheit kämpfen, die manche von ihnen noch nicht einmal buchstabieren können. Durfte ich ihren schwarzen Humor verteidigen, auf die Gefahr hin, anders fühlende Menschen vor den Kopf zu stoßen? War es möglich, ein Buch über ein Leben zu schreiben, dessen frühes Ende bisweilen der Krebstod diktiert?

Wo würde ich das Material dafür sammeln, außer in Camps dieser Art und in der Zeitschrift der Candlelighters? (Die Candlelighters sind eine Organisation, die den Familien krebskranker Kinder Hilfe anbietet.)

In den folgenden Wochen verbreitete sich die Kunde von meinem geplanten Buch. Eine erste Welle von Briefen ergoß sich über meinen Schreibtisch. Es sollten viele hundert werden. Eine Mutter schrieb: »Humor hat uns allen über die Krankenhausbesuche und -aufenthalte, über die Blutentnahmen, den Haarausfall und den Gewichtsverlust hinweggeholfen. Wenn man danach sucht, gibt es auch immer ein paar helle Flecke in dem düsteren Bild. Ich bin sicher, daß die Leute denken: Wie kann jemand lachen, der Krebs hat. Aber unsere menschliche Natur ist nun einmal so, daß wir nicht ununterbrochen leiden können.«

Ein siebzehnjähriger Junge fragte mich in seinem Brief fassungslos: »Was haben die Menschen bloß für Probleme? Da lese ich in unserer Zeitung in der Ratgeber-Rubrik ›Liebe Abby‹ den Brief einer Frau, die sich darüber aufregt, daß ihre Nachbarin ihr nicht die Salatschüssel zurückgegeben hat. Ich dachte: ›Oooh, wie hält die arme Abby bloß so einen Schwachsinn aus?‹ Über solch einen Blödsinn kann man doch nur lachen. Und das ist auch meine Philosophie: Ich weiß, was mit mir los ist. Wenn ich mich dauernd darüber grämen würde, müßte ich pausenlos heulen. Also versuche ich, so oft wie möglich zu lachen.«

Der Sommer ging, der Herbst kam, und jetzt bedeckten die Briefe auch noch meinen Eßzimmertisch. Von dort wanderten sie später in circa sechzig bis siebzig Kartons, einen für jeden Staat in den USA, für jede Provinz in Kanada und je einen für Frankreich und Neuseeland.

Ich traf meine Entscheidung. Es war vor allem ihr eigener Optimismus, ihr eigener Humor, der diese Kinder mitten im Strom ihres Lebens hielt, sie überleben ließ. Sie hatten das Lachen und damit den Glauben an sich selbst nicht verlernt. Sie wollten leben, sie wollten groß werden. Sie waren überzeugt davon, daß es sich lohne, für ihr Weiterleben zu kämpfen – um ihre Mutter zum Wahnsinn zu treiben, um in irgendwelchen Bruchbuden zu hausen, zum Klassenball zu gehen, schon zum Frühstück Pizza zu essen und einmal schrecklich alt zu werden. Oder: wenigstens einmal im Leben Disneyland zu sehen...

Ein Buch schwebt mir vor, das einen Triumph beschreibt – vielleicht nicht über die Krankheit, aber über die Verzweiflung. Nicht nur die Kinder, sondern alle, die vom Krebs berührt worden waren, mußten sie in den Griff bekommen – die erschöpfte, von Schuldgefühlen gequälte Mutter, der Vater, der seinen fünfjährigen Sohn verloren hatte, die Schwester oder der Bruder oder mehrere Geschwister, die sich vernachlässigt fühlten, die Beraterin im Camp, die nicht aufhören konnte zu weinen, die Krankenschwestern und Ärzte, die allesamt keine Tränen mehr hatten, weil sie ausgeweint waren, die Freundinnen und Freunde, die helfen wollten, aber nicht wußten wie.

Als ich die ersten drei Kapitel meines ursprünglichen Manuskripts am Lagerfeuer vorlesen ließ, um festzustellen, ob die Art, wie ›ihr‹ Buch sich entwickelte, bei den Camp-Kindern Anklang fand, herrschte zuerst allgemeines Schweigen. Dann sagten sie höflich, es gefalle ihnen, fügten aber hinzu: »Sie müssen es nur lustiger machen.«

»Richtig«, sagte ich und notierte mir ›lustiger‹ auf meinem Block.

»Und das erste Kapitel ist ganz falsch«, sagten sie.

»Was meint ihr mit ›ganz falsch‹?«

Sie waren sich einig: »Das erste Kapitel soll heißen ›Werde ich sterben?‹, denn das fragt sich jeder, wenn er zum erstenmal die Diagnose hört.«

Irgendwie wußte ich, daß ich am Ende des Buchs nicht mehr die Erma Bombeck sein würde, die ich am Anfang gewesen war.

»Werde ich sterben?«

»Meine Mutter sagte: ›Du wirst nicht sterben.‹«
»Hast du ihr geglaubt?«
»Wenn deine Mutter etwas sagt, dann wagst du's doch nicht zu bezweifeln.«

Ann, 10 Jahre alt
Page, Arizona

Dies muß ein Test sein.

Ich kann unmöglich in einem Kapitel »Werde ich sterben?« versuchen, die Dinge zu verharmlosen. Andererseits soll man nicht denken, ich schriebe ein Buch über krebskranke Kinder im letzten Stadium. Ich schreibe vielmehr ein Buch über Kinder mit einer Krankheit namens Krebs, die mit jedem Tag, den sie weiterleben, eine bessere Chance bekommen, diese Krankheit zu überleben.

Die beiden Worte Krebs und tödlich reisen schon so lange in der Welt herum, daß die Leute denken, sie seien miteinander verheiratet. Nun, es wird Zeit, daß sie sich voneinander trennen. Oder wie ein Arzt es ausdrückte: »Wir müssen alle sterben. Aber nur bei Krebspatienten heißt es, ihre Krankheit sei tödlich. Bei Herzkranken oder Zuckerkranken ist davon nicht die Rede. Nur der Krebs trägt dieses Stigma. Man hat ihn kriminalisiert. Nebenbei: Nur der Tod ist unvermeidlich. »Werde ich sterben?« Wer weiß das schon, außer er hat Gottes Geheimnummer in seinem Telefonbuch. Kinder, denen man so gut wie keine Chance gegeben hatte, leben noch... manche mit guten Chancen nicht mehr.

Man hat eine Menge Bücher über Kinder geschrieben, die im letzten Kapitel sterben. Ich habe die meisten von ihnen gelesen, es sind schöne, herzzerreißende Hohelieder auf den Mut dieser Kinder. Aber es gibt da draußen Tausende von Kindern mit Krebs, die am Leben sind, die wieder ganz gesund werden und später ein aktives Leben führen. Wir müssen nicht nur wissen, daß es das gibt, wir müssen auch wissen, wie es kommt, daß sie noch leben.

Die Frage der Chancen kommt unvermeidlich auf. Das Problem ist, daß man sich auf Chancen nicht verlassen kann. Wenn die Leute an Chancen glaubten, wer von ihnen hätte gedacht, daß die süße Puppe Barbie mit ihren mittlerweile vierzig Jahren immer noch unverheiratet sein und mit Ken in demselben dummen Pappauto herumfahren würde, das er schon in den sechziger Jahren hatte.

Gerade die Ärzte sprechen nur ungern von Chancen. Sie spekulieren nun einmal nicht gern. Wenn sie von Kindern reden, sagen sie meist, so etwas wie Chancen gebe es nicht. So etwas wie fünfzig Prozent oder sechzig Prozent oder zwanzig Prozent Erfolg gibt es nicht. Der Erfolg ist entweder hundertprozentig oder gleich null. Natürlich arbeiten die Ärzte für die hundert Prozent und nicht für die Null.

Nichtmedizinisch ausgedrückt und so, daß Kinder etwas damit anfangen können: In den 80er Jahren ist es viel wahrscheinlicher, daß du den Krebs überlebst, als daß deine Mutter es dir auch glaubt, wenn du sagst, daß du nichts tust, während du dich im Badezimmer eingeschlossen hast und das Wasser laufen läßt und der Hund an der Tür kratzt.

Und unendlich viel wahrscheinlicher, als daß ein Lehrer eine Prüfung absagt, auf die du dich nicht vorbereitet hast.

Wenn du irgendwo ein altes medizinisches Fachbuch aus den 60er Jahren ausgräbst, wirst du darin lesen, die Leukämie sei unheilbar. Diese Information ist nicht nur deprimierend, sondern auch falsch. Du solltest kein Buch über Krebs lesen, das älter als fünf Jahre ist. Der Fortschritt der Medizin auf diesem Gebiet ist erstaunlich.

Was in den meisten Büchern über Chancen steht, erinnert an Las Vegas. In Las Vegas kann man nur dann gewinnen, wenn man sofort nach der Landung in den Propeller rennt. Die Chancen sind nicht mehr, was sie einmal waren.

Der Umschwung machte sich 1973 bemerkbar, das war gewissermaßen der Wendepunkt. Es war ein großartiges Jahr für Krebspatienten. Man hat damals kein Heilmittel gefunden. Aber verschiedene Medikamente in verschiedenen Kombinationen und eine bessere unterstützende Therapie, um jungen Leuten über die Begleiterscheinungen der Arzneimittel hinwegzuhelfen.

»Werde ich sterben?« Diese Frage wird in vielen verschiedenen Formen gestellt. Manchmal bleibt sie unausgesprochen, ist aber trotzdem da. Manchmal sind die Kinder richtig *cool*: »Ich habe mir gedacht, entweder sterbe ich, oder auch nicht.« Manchmal möchten sie ihren Eltern das Gespräch mit dem Arzt ersparen und schicken sie hinaus, um mit ihm unter vier Augen sprechen zu können – als wäre es eine Art Klassengeheimnis oder dergleichen. Dann stellen sie Fragen wie diese: »Gibt es im Himmel ein McDonald?« und »Werde ich meinen Opa wiedersehen, der vor zwei Jahren gestorben ist?«

Aber was in allen Briefen und Interviews immer wiederkehrt, ist das Wort Haltung. Wie wichtig ist sie für das Überleben eines Patienten?

Ich konnte niemanden finden, der sie für ebenso wichtig wie die ganz oben auf Platz 1 erscheinende Chemotherapie erachtet hätte, aber ein paar Ärzte, mit denen ich gesprochen habe, räumten ein, daß die Haltung, obwohl sie den Krebs nicht zu heilen vermag, dennoch beeindruckende Resultate hervorgebracht hat. Sie haben Erfolge dort beobachtet, wo die Haltung positiv war. Die Kinder, die sich vorbehaltlos auf die Krankheit einstellen und gegen sie zu kämpfen bereit sind, scheinen weniger Gewicht zu verlieren, weniger in der Schule zu fehlen und liegen auch nicht zwischen den Behandlungsphasen mit Infektionen im Krankenhaus.

Andere, die sehr deprimiert sind, übergeben sich mehr, verlieren mehr an Gewicht, essen nicht richtig und erholen sich nicht so schnell.

Haltung steckt an und kann in einer Familie entscheidend sein. Kinder orientieren sich an den Menschen in ihrer Umgebung und handeln dementsprechend. Es ist besser, wir haben es mit einem Fall von übertriebenem Optimismus zu tun, als daß wir einer Familie den Untergang prophezeien.

Vor ein paar Jahren gab es einmal einen Film mit dem Titel »Chariots of Fire«. Es war die Geschichte eines Wettläufers, Harold Abrahams, der 1920 zum britischen Olympiateam gehörte. Nachdem Harold ein Rennen an seinen Erzrivalen verloren hatte, überkam ihn Selbstmitleid, und störrisch sagte er zu seiner Freundin: »Wenn ich nicht gewinnen kann, werde ich nicht laufen.« Sie antwortete ihm darauf: »Wenn du nicht läufst, kannst du nicht gewinnen.«

»Aber ich habe so hart trainiert!« jammerte er. »Was soll ich denn noch tun?« Sie sagte: »Ihn das nächste Mal schlagen.«

Eine der leichtesten Aufgaben beim Schreiben dieses Buches war es, junge Leute mit Krebs zu finden, die sich entschlossen hatten, ›zu laufen und zu gewinnen‹. Sie setzen ihren persönlichen Stolz darein, gegen etwas zu kämpfen, das größer und stärker als sie ist... gegen etwas, das sie vielleicht hätte überwältigen können. Aber sie haben immer noch etwas, das ihnen der Feind nicht wegzunehmen vermag – ihre Hoffnung. Hoffnung ist eine mächtige Waffe.

Wenn Leute um dich herumstehen und ernste Gesichter machen und Sorgenfalten auf der Stirn haben, ist es normal, daß du dich fragst, wie deine Zukunft wohl aussehen mag. Die meisten Kinder in diesem Buch haben gefragt: »Werde ich sterben?«, und viele von ihnen haben die Antwort darauf bekommen, die sie hören wollten.

Vielleicht war einer von ihnen jener Teenager, der dir letzten Sommer in Crestline, California, ein Boot ausgeliehen hat. Vielleicht war eine von ihnen die Lehrerin, die deinen Sohn in der Schule am Stadtrand von Chicago unterrichtet hat. Oder wenn du in eine Bank in Lebanon, Tennessee gingst, war die Kassiererin vielleicht die hübsche kleine Blondine, die auch schon einmal ihre Zukunft in Frage gestellt hat.

Sie alle haben den Krebs überlebt, vielleicht weil sie, als alles andere versagte, das schwere Geschütz HOFFNUNG hervorholten und weiterkämpften.

»Ich wünsche dir einen schönen Tag«

»Eine erwachsene Freundin fragte Christina, was sie sich zu ihrem achten Geburtstag wünsche. Das kleine Mädchen, bei dem man ein Neuroblastom* festgestellt hatte, rieb sich mit der Hand über ihren kahlen Kopf, stützte das Gesicht auf die Hände und sagte: ›Ich weiß nicht. Ich habe zwei Abziehbilderbücher und eine Stoffpuppe. Ich habe schon alles.‹«

Christina, 12 Jahre alt
Alpena, Michigan

*   *Tumor, der aus nicht ausgereiften Nervenzellen hervorgeht.*

Ich muß Sie warnen. Wenn Sie mit Optimismus nichts anfangen können, vermeiden Sie den Umgang mit krebskranken Kindern. Wenn Sie das Gefühl haben, Tränen seien angemessener als Lachen, kommen Sie ja nicht auf die Idee, sie im Camp zu besuchen. Und wenn Sie Angst haben zu verraten, wie wohl Sie sich fühlen, wie gut Ihnen Ihr Leben und die Welt gefallen... setzen Sie eine Maske auf!

Kinder, die Krebs haben, sind mutige Leute. Also bitte, man hat Sie gewarnt. Kaum sind Sie mit ihnen zusammen, beginnen Sie sich auch schon zu verwandeln, und Sie können nichts dagegen tun. Plötzlich sagen Sie Sachen wie »Ich wünsche dir einen schönen Tag!« oder »Bis nächstes Jahr!«

Ich habe für dieses Buch einen Forscher interviewt, und das brachte mich so in Schwung, daß ich ihn fragte: »Welche Krankheit wollen Sie besiegen, sobald Sie ein Heilmittel gegen den Krebs gefunden haben?«, und er antwortete wie aus der Pistole geschossen: »Die Alzheimersche Krankheit.«

Eines Nachmittags besuchte ich ein Camp in Phoenix, und als ich, die Knie bis ans Kinn gezogen, auf einem kleinen Stuhl saß, legte ein Junge von etwa drei Jahren seinen Arm um meine Schulter, näherte sein Gesicht dem meinen bis auf fünf Zentimeter und fragte mich: »Weißt du was?«

»Was?« fragte ich zurück.

»Ich gehe heute nachmittag zum Zirkus«, sprudelte es aus ihm heraus.

»Das ist ja wunderbar«, sagte ich schwärmerisch.

Ein Berater beugte sich zu uns herab und sagte: »Du gehst nicht zum Zirkus, Kenny. Das ist die andere Gruppe. Du gehst schwimmen.«

Die meisten Kinder würden in dieser Situation ein Spülbecken von der Wand reißen und es vor Enttäuschung dagegenwerfen. Statt dessen drehte Kenny sich zu mir um und sagte mit der gleichen Begeisterung: »Weißt du was? Ich gehe heute nachmittag schwimmen!«

Kenny hätte auch zur Eröffnung einer Dose voll Tennisbällen gehen können und wäre genauso glücklich gewesen.

Kinder, die Krebs haben, können das »Was ist wenn?«, »Was hätte sein sollen?« und »Was hätte sein können?« vergessen und direkt »Was ist jetzt?« fragen. Bert war fünf Jahre alt und kämpfte gegen ein Neuroblastom. Er zeichnete gern. Als man ihn eines Tages fragte: »Wirst du ein Künstler werden, wenn du groß bist?« antwortete er ungnädig: »Ich *bin* ein Künstler.«

Oder wie finden Sie diese Erkenntnis eines Kindes: »Was nützt es, wenn Sie den Körper heilen, aber die Person darin stirbt?«

Sie glauben nicht, daß Optimismus ansteckend ist?

Da war ein Leukämiepatient aus Rhode Island, der kein Flugticket mehr bekommen hatte. »Aber ich habe Krebs«, sagte er, »und würde wirklich gern mitfliegen, damit ich heute abend dort bin, wo ich hin will.«

Ein Mann hörte das Gespräch mit, sprang von seinem

Sitz auf und sagte: »Du kannst mein Ticket haben, mein Sohn.«

Ein Junge namens Frankie war gerade auf dem Heimweg von seiner letzten Chemotherapie in Philadelphia. Er und seine Mutter hielten an einem Restaurant an, um zu feiern. Der Besitzer, der Frankies Kahlkopf sah, dachte sich den Rest und sagte, er lade sie beide zum Essen ein.

Aus Mitleid? Vielleicht. Aber ich neige eher zu der Theorie, daß in den Menschen ein gewisses Gefühl entsteht, wenn sie einem wirklich mutigen Artgenossen in die Augen sehen – dann möchten sie genauso mutig sein, wie er ist, so klein dieser Knirps auch sein mag.

Der Mut einer Mutter aus Benson, Arizona, beeindruckte mich, bei deren dreijähriger Tochter Darlene ein Astrozytom, ein Hirnstammtumor, festgestellt worden war.

Da die Mutter allein sechs Kinder aufzog, hätte sie eigentlich an ihrer Aufgabe zerbrechen müssen. Aber die ganze Familie arbeitete mit, um die Angst der Dreijährigen vor der Dunkelheit und der Bestrahlung zu besänftigen. Sie »spielten« zu Hause Therapie.

»Abends wickelten wir Darlene in ein weißes Laken und legten sie auf den Küchentisch. Dann stellten wir den Mikrowellenherd an, um das Geräusch zu haben, schalteten das Licht aus, damit es dunkel war, stülpten ihr den Deckel der Nähmaschine über den Kopf und klopften mit den Fingern darauf.

Wir stellten die Uhr des Mikrowellenherds zuerst auf 30 Sekunden ein, und wenn sie sich nicht bewegte, dann machten wir es jedesmal ein bißchen länger.«

Darlene erholte sich wieder völlig von ihrer Erkrankung. An der Erholung wirkten auch Darlenes Bruder und ihre

Schwestern mit. Die Mutter erzählt: »Ich nahm eines von den anderen Kindern mit, wenn Darlene ins Krankenhaus mußte, und wir verbrachten dort die Nacht im Ronald McDonald House. Ich besorgte auch dem anderen Kind ein Geschenk. Wir zeigten, daß Darlene nicht das einzige Kind bei uns zu Haus war, das wir lieb hatten. Manchmal fuhren wir in die Berge und suchten Kiefernzapfen, und Darlene durfte die Tasche halten. Wir nahmen den Telefonhörer von der Gabel, schlossen die Vorhänge und unterhielten uns oder lachten, oder wir fütterten die Enten am See.« Darlene ist voriges Jahr in die Schule gekommen.

Der Optimismus des sechsjährigen Ryan aus New River, Arizona, verblüffte mich. Auf einem Sommerfest stand er inmitten einer Schar von Kindern. Es fand eine Tombola statt, bei der man Spielsachen gewinnen konnte. Ryan stand über eine Stunde lang da und hielt sein Los fest zwischen Daumen und Zeigefinger. Als die Menge sich zerstreute, ging Ryan zu der Frau hinüber, die die Veranstaltung organisiert hatte, und sagte ihr ruhig: »Würden Sie jetzt bitte diese Nummer aufrufen?«

Jessica Hopkins aus Sun Valley, Idaho, war neunzehn, als man feststellte, daß sie Leukämie hatte. Sie war die beste Tennisspielerin im Dameneinzel und wollte einen Monat später auf einem großen Klassenball ihren Collegeabschluß feiern. Nun hatte sie eine neue Aufgabe bekommen: »Ich mußte mir selbst beweisen, daß in mir kein Platz für den Krebs war.« Ihre Prioritäten änderten sich: »Mein wichtigstes Ziel war jetzt, wieder gesund zu werden, und nicht mehr, schön lackierte Fingernägel zu haben. Über Nacht änderte sich mein Leben und das der Menschen um mich her völlig. Schule, Tennis und Arbeit waren bis dahin immer zuerst gekommen. Aber jetzt kam ich selbst zuerst. Nun hatte ich endlos Zeit zum Stricken und Nähen, Lesen und Schreiben und, am besten von allem, zum Dasitzen und Nachdenken. Das war wichtig, um gesund zu werden.«

Heute besucht Jessica die Universität von Puget Sound. Sie ist mit ihrer Sammlung von Perücken und Pillenschachteln und oftmals bandagierten Händen nicht gerade das durchschnittliche »Erstsemester«, aber: »Wer möchte schon zum Durchschnitt gehören? Ich wollte, jeder, der Krebs hat, könnte irgendwie davon profitieren«, schrieb sie. »Am traurigsten finde ich, wenn jemand unter der Chemotherapie, der Bestrahlung und den Operationen leidet und durch den Prozeß nichts über sich selbst dazulernt. Mein Krebs ist ein Geschenk.«

★

Krebskranke Kinder leben in einer Erwachsenenwelt, die mit Gefühlen, Gefahren und schwerwiegenden Entscheidungen beladen ist. Angesichts dieser Tatsache vergißt man oft, daß sie zuallererst Kinder sind. In ihren kleinen Körpern, in denen sich eine katastrophale Krankheit eingenistet hat, kämpfen Kinder ums Überleben. Und Kinder ernähren sich vom Optimismus: Der Regen endet stets gerade dann, wenn das Wettspiel beginnen soll. Das verlorene Buch aus der Bücherei taucht immer dann wieder auf, wenn die Leihfrist abgelaufen ist. Und wenn der Hausaufsatz nicht fertig geworden ist, wird Gott irgendwie dafür sorgen, daß die Stunde ausfällt.

Wer, außer einem Kind, das Krebs hat, würde die folgende Prioritätenliste aufstellen: »Meine drei Wünsche sind: (1.) Ich möchte, daß mein Haar wieder wächst, (2.) ich möchte groß werden, (3.) ich möchte nach Boise.« Vermutlich weiß das Kind etwas über Boise (die Hauptstadt des US-Staates Idaho), das sonst niemand weiß.

Ein Vater erzählte eine Geschichte über seine Tochter, die wegen eines Ewing-Sarkoms* einen Fuß verloren hat. Eines Abends, sehr spät, kam ein neuer Krankenpfleger mit einem Rollstuhl in ihr Zimmer in der Klinik, um sie zum Röntgen zu fahren. Ihr Gesicht war aschgrau, ihre Augen waren halb geschlossen. Sie hatte die Beine gekreuzt und ihr einer verbliebener Fuß ragte heraus. Der Pfleger setzte sie in den Rollstuhl, legte ihr die Decke über und stellte den Fuß auf die Fußstütze. Dann fing er an, nach dem anderen zu suchen. Da sah sie ihn an, lächelte und wünschte ihm »Viel Erfolg!«.

Optimismus also. Er gehört zur richtigen Behandlung dazu. Alles kann dann nur besser werden. Fragen Sie Melissa Denney. Er hat sie am Leben erhalten ... elf Jahre lang.

---

* Bösartiger Tumor, der vom Knochenmark ausgeht.

Heimkehr

»Kurz vor Weihnachten fuhr mich Mom im Rollstuhl durch Penney's, als der Weihnachtsmann herübergerannt kam und sagte: ›Hallo, kleines Mädchen, was möchtest du zu Weihnachten?‹ Ich sagte: ›Ich möchte ein Fahrrad.‹«

Melissa Denney
Lebanon, Tennessee

Melissa Denney, ihre Mutter Judy und ich sind buchstäblich über den ganzen Campus der Vanderbilt University in Nashville, Tennessee, gewandert auf der Suche nach der richtigen Bank, um unser Interview durchzuführen. Die eine war zu sonnig, die andere zu schattig, eine zu nahe an der Straße und eine im Radius des Rasensprengers. Man hätte denken können, wir wollten sie kaufen.

Schließlich fanden wir eine, die uns zusagte. Es tat mir leid, daß unser Interview nicht in Melissas Zuhause in Lebanon, ein paar Kilometer außerhalb von Nashville, hatte stattfinden können. Ich sagte es ihr. In der heimischen Umgebung sind die Menschen entspannter, und man kommt leichter mit ihnen ins Gespräch.

Melissa lächelte, als sie unter dem Blätterdach sitzend den Anblick der schönen Parklandschaft des Campus genoß. »Das hier ist mein Zuhause«, sagte sie. Elf Jahre lang waren sie und ihre Mutter auf der Suche nach einem Heilmittel gegen ihren Krebs regelmäßig hergekommen: »Alle Ärzte und Schwestern und meine Freunde sind hier. Sie sind meine Familie. Obgleich ich geheilt bin, komme ich immer noch einmal im Jahr hierher zurück, um sie zu besuchen. Manche der Schwestern sind fort, aber meine Ärzte sind immer noch da. Manche Dinge verändern sich nicht.«

Vielleicht hat Melissa sich am meisten von allen verändert. Sie war zehn Jahre alt gewesen, als sie und ihre Mutter an einem kalten Oktobermorgen 1977 zum erstenmal zum Vanderbilt-Campus aufbrachen. Als sie sich im Krankenhaus zur Untersuchung anmeldeten, war sie ein kleines blasses, mageres, fieberndes Mädchen, sehr verängstigt und so matt, daß sie kaum einen Fuß vor den anderen setzen konnte.

Als ich sie nun sah, wirkte sie kerngesund in ihren ausgeblichenen Jeans und ihrem Strickhemd. Kaum saßen wir, als sie auch schon den geheimnisvollen braunen Beutel öffnete, den sie bei sich trug, und einen dicken Packen Photos herauszog. »Warten Sie mal, ich hatte sie eigentlich nach einer bestimmten Reihenfolge geordnet«, sagte sie. »Aber jetzt sind sie durcheinandergeraten. Hier bin ich nach meiner ersten Diagnose zu sehen, und hier hatte ich zum erstenmal meine Haare verloren.«

Ich sah der Einundzwanzigjährigen zu, wie sie aufgeregt ein Bild nach dem anderen hervorzog: ihre Freundinnen: »Die eine normal, die andere mit Glatze, eine so dick angeschwollen wie ein Schwein vom Prednison« (einem Hormon, das Lymphozyten vernichtet); ihr Bruder, Chuck. »Er ist jetzt fünfundzwanzig und will demnächst heiraten... Und sehen Sie sich das hier an, das war das einzige, das mich nach Haus gelockt hat, nachdem ich so krank gewesen war.« Sie reichte mir ein Bild von einem großen Kater. »Er war so lieb«, sagte sie versonnen. »Als ich zum zweitenmal ins Krankenhaus mußte, rannte er weg und ist vor Kummer gestorben. Er dachte, ich käme nicht mehr wieder.« Überflüssig zu sagen, daß das nächste Photo einen neuen Kater zeigte mit dem Namen Spider.

Als sie die Photos nacheinander durchblätterte, war es eine Kindheit aus Schnappschüssen: Melissa im Rollstuhl... Melissa zu Weihnachten... Melissa mit Hepatitis... Melissa mit einer Geburtstagstorte.

Die junge Frau vor mir hielt ihre Kindheit im Schoß, eine Kindheit, in der sie nicht mehr hatte gehen können, eine Kindheit mit inneren Blutungen, mit Depressionen, Chemotherapie und wunden Stellen im Mund, die von den Medikamenten kamen.

Als ob sie meine Gedanken lesen konnte, sagte sie leise: »Diese Bilder sind nur ein Teil meines Lebens. Ich meine – sie haben mich stark gemacht, genau wie der Krebs mein Leben geformt und mich stark gemacht hat.«

Aber wie sah es mit Schulsportfesten und Sprechchören und Einladungen und ›Schlummerpartys‹ mit den Freundinnen aus? Ihre Reaktion war beinahe schroff. »Das alles kommt mir heute so lächerlich, ja, richtig albern vor.«

»Hat dein Schulabschluß dir denn gar nichts bedeutet?«

»Es war nur ein Tag.« Sie zuckte die Schulter. »Die Abschlußfeier.«

Ihre Mutter, die nahe bei uns saß, unterbrach unser Gespräch: »Der Abschluß hat ihren Eltern mehr bedeutet als ihr selbst. Jeder Tag war einfach ein Wunder für uns. Melissa selbst hätte nie gedacht, daß sie den Tag der Abschlußfeier erleben würde.«

Ich sagte, es käme mir vor, als besäßen die Kinder dem Krebs gegenüber eine ganz besondere Spannkraft. Sie stellten sich sehr schnell auf ihre Krankheit ein. Sie fingen nicht an zu feilschen oder sich ihre Chancen auszurechnen oder jemandem die Schuld zu geben. Sie sagten offenbar einfach nur: »Okay! So ist das also! Fangen wir mit der Behandlung an. Ich habe meine Aufgabe: Ich muß leben.« Warum ist das so?

»So sind die kleinen Kinder nun einmal«, kicherte Melissa. »Sie denken immer, sie hätten zuviel zu tun, als daß sie den Ärger so richtig an sich heranlassen könnten. Sie haben viel zu viele Pläne. So ist man als Kind. Man lebt für das, was gerade los ist.«

»Ich muß Ihnen etwas erzählen«, redete sie weiter und legte einen anderen Gang ein. »Da war dieses Mädchen, das sehr oft zur Chemotherapie mußte, und einmal hatte sie es ziemlich satt, und sie hatte Apfelsaft in ihrer Schublade, und die Schwester kam herein und bat sie, eine Urinprobe fertig zu machen. Die Schwester ging also wieder hinaus, und als sie zurückkam, hatte das Mädchen Apfelsaft in das Uringlas gegossen. Als die Schwester es mit hinausnehmen wollte, sagte das Mädchen: ›Es sieht so trübe aus, ich glaube, ich filtere es besser noch einmal durch.‹ Und sie trank es! Die Schwester bekam fast einen Herzanfall.«

»Man muß seine Haltung bewahren«, fuhr Melissa fort. »Darauf kommt es an. Ich weiß, es ist eine grauenhafte Situation. Vor allem, als ich den Rückfall hatte, war es schlimm. Aber man muß das beste daraus machen. Als ich im Krankenhaus war und mich allmählich wieder besser fühlte, half mir meine Haltung, und sie half auch anderen Kindern, die sich elend fühlten.«

Melissa neigte dazu, die Härte des Kampfes zu verniedlichen. Während einer Behandlung hatte sie ihre Gehfähigkeit verloren und mußte im Rollstuhl sitzen. Von einem anderen Medikament hatte sie Blasen im Mund und in der Speiseröhre bekommen. An manchen Tagen litt sie unter

Depressionen, ihre Stimmung veränderte sich bisweilen jäh, und sie badete zu den verrücktesten Tageszeiten. Sie verlor zweimal ihr Haar.

Nun, da der Krebs hinter ihr liegt, hat Melissa den schnellen Vorwärtsgang eingeschaltet. Nachdem sie die ganze fünfte Klasse versäumt hatte, kehrte sie zur Schule zurück, holte auf und schaffte ihren Abschluß. Sie hat auch eine Unterstützergruppe ins Leben gerufen. Sie besteht aus Teenagern, die den Patienten im Vanderbilt-Krankenhaus helfen, und ohne sie wäre das Büchlein über Teenager, die mit ihrer Krebskrankheit ringen, wahrscheinlich nie zustande gekommen. Es trägt den Titel »I'm Still Me!« – »Ich bin immer noch ich!«

Nach Abschluß der High School heiratete Melissa einen Mitschüler und wurde knapp drei Jahre später wieder geschieden. Sie arbeitet jetzt als Kassiererin in einer Bank, wollte aber zum Cumberland College in Lebanon gehen, um in die Fußstapfen ihres Vaters zu treten und Grundschullehrerin zu werden.

Es stimmt nicht, daß Gesichter Landkarten gleichen, von denen man ablesen kann, was für eine Art Leben der betreffende Mensch geführt hat. Als ich Melissa und ihre Mutter Judy dort im Sonnenschein sitzen sah, konnte ich mir jenen Dezembertag vor fast zehn Jahren kaum vorstellen, an dem Judy Denney ihre Tochter vom Krankenhaus heimfuhr. Melissa hatte auf dem Rücksitz des Wagens gelegen, ohne ein einziges Mal aufzuschauen oder ein Wort zu sagen. Als sie zu Hause ankamen, ging Melissa in ihr Schlafzimmer, zog die Vorhänge zu und verbrachte die folgenden Wochen schweigend im Dunkeln.

Einige Tage vor dem Weihnachtsfest stand Judy in der

Küche, und sie begriff, daß Melissa aufgegeben hatte. »Ich war drauf und dran, sie zu verlieren«, sagte sie schlicht. »Mit jedem Tag wurde sie kränker. Eines Tages stand ich am Spülbecken und sagte: ›Gott, ich halte es nicht mehr aus. Ich muß sie dir einfach lassen.‹ Kurz darauf rief Melissa von ihrem Zimmer aus: ›Mama, können wir in die Stadt fahren und uns die Weihnachtslichter ansehen?‹ Das war der Wendepunkt. Von dem Augenblick an kam sie wieder zu Kräften, mit jedem Tag mehr.«

Man sollte annehmen, daß Wut und Zorn eine selbstverständliche Reaktion auf die Diagnose Krebs sind. Es scheint normal, daß der Mensch dann eine Antwort verlangt auf die Frage »Warum?«. Während unseres Interviews gab ich Melissa jede Gelegenheit, irgend jemanden ihres Unglücks wegen anzuklagen oder zu verfluchen. Gottes Weisheit anzuzweifeln. Eine Erklärung zu verlangen. Sie ließ sich nicht darauf ein:

»Der Krebs hat mein Leben nicht verändert. Ich meine, er war einfach ein Teil meiner Kindheit und alles, was er fertiggebracht hat, war, daß er mich reifer gemacht hat. Sie haben alles in ihrer Macht Stehende getan, damit ich mich im Vanderbilt wie zu Hause fühlte. Ich hatte niemals Wut. Durcheinander war ich wohl, aber nie wütend.«

Das entsprach ihrer ehrlichen Überzeugung. Der Krebs war für Melissa kein Riß oder Loch im Gewebe ihrer Existenz. Er war nur eine Art Falte, eine zerknitterte Stelle. Es würde in ihrem Leben noch mehr solcher Falten und Knitterstellen geben, mit denen sie zurechtkommen mußte – vielleicht nicht so verheerender Art, aber sie würden für sie ebenfalls von großer Bedeutung sein. Und sie würde sie überleben. Sie schien gegen die Verlockung anzukämpfen, einen Blick zurückzuwerfen und sich mit dem zu beschäftigen, was ihr entgangen war. Und sie entschied sich dafür, der Zukunft ins Auge zu sehen.

Als sie die Photos behutsam in die jeweiligen Tüten zurücksteckte, sagte sie: »Hier ist eines von Darth Vader und mir. Sie wissen schon, aus dem ›Krieg der Sterne‹. Die Schauspieler kamen zu uns ins Krankenhaus. Ich fühlte mich wie im Himmel. Sie setzten sich im Kreis um mich herum und redeten mit mir. So etwas bringt einen aus dem Bett, ganz gleich wie krank man ist.«

Ich fragte sie, ob sie gewußt hatte, wie krank sie war.

»Vom Krankenhaus bekam ich ein Büchlein, darin waren all die kleinen Zellen mit Gesichtern abgebildet. Ich erkannte, daß es einen Eindringling gab, einen Invasor... genauso wie im ›Krieg der Sterne‹.«

»Krieg der Sterne«. Ist das nicht typisch für ein Kind, dachte ich, daß es sich zu einer so komplizierten Krankheit etwas so Einfaches einfallen läßt? Ich lächelte überlegen, so wie Eltern lächeln, wenn sie die Antwort auf eine Frage kennen, und ihre Kinder kennen sie nicht. Jeder weiß, daß der Krebs mit einer Zelle anfängt... ja, es ist eine bösartige Zelle, die... ich nehme an, sie könnte so einen Hut wie Darth Vader tragen...

Ich notierte mir etwas. »Versuche herauszubekommen, was Krebs ist!«

»Was habe ich?«

»Emily war vier und in Chemotherapie. Eines Tages, auf der Einkaufspromenade, begann sie ein Gespräch mit einer Frau, die ihr anvertraute, daß sie erkältet sei. Die Frau fragte Emily dann: ›Wie geht es dir?‹ Emily erwiderte knapp: ›Ach, nicht so gut. Ich habe eine laufende Nase, ein Wehweh am Fuß und einen Tumor.‹«

Emily, 4 Jahre alt
Cincinnati, Ohio

Was habe ich?«

Du hast Krebs.

Die Krankheit ist so alt wie die Welt. Sie ist prähistorisch. Dinosaurier hatten riesige Tumore.

Was du hast, hat jeder vierte Mensch in diesem Land oder wird es bekommen. 1989 wird man bei 6600 Kindern in den Vereinigten Staaten Krebs feststellen.

Man hat manchen Kindern die Krankheit als ›Unkraut in deinem Garten‹ beschrieben.

Manche Eltern berufen sich auf das Pac-Man-Prinzip: Eine Gruppe von bösartigen Zellen frißt die gutartigen auf.

Großmutter nennt es wahrscheinlich im Flüsterton das ›Große K‹. (Wenn ein Erwachsener sagt: »Er ist sehr schwer krank«, dann weißt du, daß ›sehr schwer‹ ›Krebs‹ bedeutet.)

Manchmal denken die betroffenen Kinder sich selbst eine bildhafte Erklärung aus. Ein Junge stellte den Krebs als eine riesige Woge dar, und er stand auf einem Surfbrett und versuchte, über sie hinwegzukommen. Ein anderer sah ihn als einen Käfer und die Chemotherapie als hungrigen Bär mit großen Zähnen, der sich daraufstürzte.

Und dann ist da der zwölfjährige L. T. aus Park Ridge, Illinois, der keine Vorstellung davon hatte, was Krebs war, und dem das auch völlig gleichgültig war. Im Rahmen eines privaten Forschungsvorhabens gab er einen Teil seiner Medikamente seinen Pflanzen und wurde zweiter. Nächstes Jahr, sagte er, würde er versuchen, erster zu werden.

Seltsamerweise fiel es den meisten Kindern, mit denen ich gesprochen habe, schwer zu erklären, was in ihrem Innern vorging. Nur eines wußten sie genau, nämlich das Datum der Diagnose, und es war wie der erste Tag in einer Schuld-Olympiade: Alle Mitglieder der Familie stellten sich zu einem Wettstreit auf, wer die Schuld an dieser schrecklichen Krankheit für sich beanspruchen könnte.

Ein Vater sagte, er habe in Vietnam von seinem Hubschrauber aus Agent Orange abgeworfen, und war sicher, daß er die Schuld trug, daß seine Tochter Krebs bekam.

Ein anderer Vater sagte, er hätte im College eine ganze Menge Marihuana geraucht, und war sicher, daß das etwas mit der Krankheit seiner Tochter zu tun hatte.

Eine Mutter sagte, sie hätte während ihrer Schwangerschaft eine Zigarette geraucht.

Der jüngere Bruder eines Krebspatienten sagte, er hätte einmal insgeheim den Wunsch verspürt, sein Bruder möge sterben, damit er dessen Fahrrad bekäme. Er war sicher, daß er für diesen Todeswunsch nun mit der Krankheit seines Bruders bestraft wurde.

Eine Zehnjährige sagte, sie habe Krebs bekommen, »als ich noch im Bauch meiner Mutter war, und sie ist über diesen Fluß gefahren, und auf der anderen Seite war ein Kraftwerk, das meinen Krebs verursacht hat«.

Und eine Großmutter bot folgende Erklärung an: »Könnte es daher kommen, daß er keine Karotten essen wollte? Ich habe dir gesagt, daß er mehr Gemüse braucht.«

Ein Arzt hat mir dazu erklärt: »Die Familienangehörigen müssen vom ersten Tag an vor allem eines wissen: Selbst wenn sie genau wüßten, daß dies geschehen würde (der Eintritt der Krebskrankheit), könnten wir ihnen trotzdem unmöglich sagen, was sie anders machen sollten, weil wir nämlich ganz einfach nicht wissen, woher Krebs kommt. Das muß den Familienangehörigen bewußt werden.«

Also: Warum verstehen die Menschen nicht, was sie haben?

Manche Leute fühlen sich von Ärzten eingeschüchtert. Sie fühlen sich von ihnen eingeschüchtert, weil Ärzte so beschäftigt wirken und immer in Eile sind. Auch kommen diese Menschen sich dumm vor, wenn sie nicht verstehen, wovon der Arzt redet, wenn sie zum erstenmal die Diagnose hören, und fragen ihn deshalb erst gar nicht. Seien wir ehrlich: Die Ärzte drücken sich manchmal ganz schön kompliziert aus.

Wenn Sie oft genug zum Arzt gehen, können Sie bald schon ungefähr erraten, was es bedeutet, wenn er sagt: »Ich schlage vor, daß wir die überflüssige Tracht von Ihrem Körper entfernen, damit Sie sich unter der nur einmal verwendbaren, an der Rückseite der Tür hängenden Hülle verbergen können.« Er will damit sagen: »Ziehen Sie sich aus und ziehen Sie das Papierhemd dort an, das so ähnlich wie eine Cocktailserviette aussieht.«

Daran mußte ich denken, als ich mit Dr. Martin J. Murphy Junior, dem Direktor des Hipple Cancer Research Center in Kettering, Ohio, sprach. In einem Interview, das weiter hinten in diesem Buch noch einmal zitiert wird, fragte ich ihn, wie er einem Kind Krebs erklären würde.

Erinnern Sie sich: Ärzte sprechen nicht die Sprache gewöhnlicher Leute. Sie sprechen fließend Medizinisch.

»Krebs ist eine Krankheit der Zellen. Der Körper besteht aus Zellen, und eine Zelle ist so klein, daß wir ein mächtiges Mikroskop benutzen müssen, um sie zu sehen, aber selbst dann können wir nicht all die Dinge sehen, aus denen eine Zelle besteht.

Jede dieser Zellen ist wie eine kleine Welt für sich. Sie hat ihre eigene Kraft, die sie vorwärtstreibt, hat ihre eigene Identität. Manche Zellen machen Haare, manche Zellen machen Haut. Es gibt also verschiedene Zellen im Körper, und jede von ihnen hat ihr eigenes kleines Programm. Indem all diese Zellen zusammenwirken, bilden sie eine Gemeinschaft, jede nimmt zum gemeinsamen Besten daran teil, und alle zusammen bilden den Menschen, dich, das Kind.

Irgend etwas ist vielleicht schiefgegangen – wir wissen nicht immer den Grund. Wir wissen, daß es gewisse Dinge gibt, die eine Zelle schädigen können. Sie wird so geschädigt, daß sie nicht stirbt, sondern daß sie sich verändert. Die Richtung, in der sie sich verändert, ist eine Einbahnstraße, sie kann nicht mehr zurück, die Entwicklung ist endgültig, unwiderruflich. Die Entwicklung geht nur in dieser einen Richtung. Und das nennt man ›Differenzierung‹. Es ist ein großes Wort und bedeutet nur, daß die Zellen anders geworden sind, daß sie sich verändert haben. Mehr nicht.

Und nun teilt sich die Zelle auf eine sehr besondere und eigenartige und sehr gefährliche Weise, und wir müssen dafür sorgen, daß sie aufhört, sich zu teilen, denn wenn sie sich immer weiter teilt, wird sie ihre Umgebung angreifen.

Das heißt, sie wird die Zellen überfallen und erobern, die sie umgeben. Nun *frißt* sie sie nicht auf... Krebszellen laufen nicht herum und verschlingen einander nicht. Bitte stell dir das nicht so vor. Sondern in Wirklichkeit breiten sie sich aus... sie verdrängen buchstäblich alle sie umgebenden normalen Nachbarzellen, die ihre Arbeit zu tun versuchen.

Und wenn das im Knochenmark stattfindet, dort, wo die Blutzellen hergestellt werden... dann stellen wir irgendwann fest, daß Johnny oder Judy krank sind, weil sie Entzündungen bekommen, Erkältungen und all diese Sachen, die wir kriegen, wenn unser Blut aus Ermangelung normaler Zellen dick ist.

Und diese bösartigen Zellen teilen sich und teilen sich und werden immer mehr. Wir müssen erst einmal dafür sorgen, daß sie aufhören, die anderen Zellen anzugreifen und sich weiter auszubreiten. Wir setzen ihnen Grenzen, bauen Schranken um sie herum, sperren sie ein – wie Pferde in ein Gatter sozusagen. Wir halten sie auf, damit die Krankheit sich nicht ausbreitet, und dann konzentrieren wir uns darauf, sie zu entfernen, in diesem Fall mit Chemotherapie; wir töten die, die da sind, bis die letzte tot ist, und wenn das geschieht, bist du geheilt und wirst nie wieder mit der Krankheit von diesem speziellen Typ zu tun bekommen.«

Kannst du dir einen Krebs ›einfangen‹, dich bei jemand anderem, der Krebs hat, anstecken?

»Du kannst dir eher ein gebrochenes Bein als einen Krebs ›einfangen‹.

Krebs ist nicht ansteckend. Wir können ihn nicht von jemand anderem bekommen. Krebszellen sind nicht übertragbar. Das steht fest. Aber was wir übertragen können, ist

Liebe zum Leben, die können wir weitergeben und empfangen. Und das tun wir, wenn bei einer Freundin, einem Freund Krebs festgestellt wird. Ruf sie oder ihn sofort an und sag: ›Ich weiß nicht, was ich sagen soll.‹ Aber ruf ihn oder sie an. Sag nicht: ›Ach, ich weiß ja doch nicht, was ich sagen soll‹, und laß es lieber. Nein. Wir dürfen uns nicht voneinander abkapseln und einspinnen wie eine Raupe in ihren Kokon aus Angst davor, daß wir etwas Falsches oder nicht genug sagen könnten. Dann tun wir nämlich am Ende gar nichts.

Und wenn wir dieses Märchen durchschauen können, entlarven können, diesen Irrtum nämlich, daß diese Krankheit angeblich übertragbar ist, dann können wir uns sagen: ›Ja also, sie ist gar nicht übertragbar, wieso habe ich Angst davor? Also habe ich keine Angst mehr!‹ Dann können wir auch unsere Kraft, unsere Hoffnung und Liebe mit diesem Menschen teilen, der Krebs hat.«

Wenn du ein Kind bist, das einem Erwachsenen erklären will, was Krebs ist, lies mal, was Jeff, ein dreizehnjähriger Junge aus Sedalia, für eine plastische Erklärung hat.

»Ich stelle mir Leukämie* so vor:

Nimm mal an, du hast eine Glühbirnenfabrik. Die roten sind die roten Blutkörperchen, die weißen sind natürlich die weißen, und die gelben stellen die Thrombozyten oder Blutplättchen dar.

Die Glühbirnen laufen das Fließband hinunter. Ab und

---

* Leukämie ist eine Krebsform des Blutes, die im Knochenmark entsteht, eine Fehlentwicklung der weißen Blutkörperchen. Sie reifen nicht aus, vervielfältigen sich jedoch in dem Unreife-Stadium rapide.

zu brennt eine Glühbirne durch, weil ein Kurzschluß in der Verkabelung ist, an der alle Glühbirnen aufgehängt sind. Also wird der Elektriker gerufen. Er heißt Chemotherapie. Er prüft die Verkabelung und repariert den Kurzschluß.

Nachdem er den Kurzschluß behoben hat, geht er durch die Fabrik und sucht die durchgebrannten Glühbirnen heraus. Nachdem er sie gefunden hat, ersetzt er sie. Er läßt sich Zeit und paßt auf, daß keine Glühbirnen mehr durchbrennen. Dann, wenn er die ganze Arbeit beendet hat, nennt er sie Heilung. Er hat eine gute Arbeit getan.

P. S.: Ich glaube, meine Glühbirnen brennen alle, und ich hoffe, daß bei mir keine mehr durchbrennen werden.«

Die meisten jungen Patienten drücken es noch einfacher aus. Sie nennen das, was sie haben, einfach einen Krieg.

Susan aus Tuscaloosa, Alabama, hatte Leberkrebs. Sie behielt davon ein paar große Narben am Bauch und auf der rechten Seite. Eines Tages im Kindergarten sahen mehrere ihrer Freunde die Narben und fragten sie, woher sie sie hätte. Sie sagte: »Ach, ich bin im Krieg verwundet worden«, und fügte dann hinzu: »Das war vielleicht ein Krieg!«

Für Kinder ist es tatsächlich Krieg. Er bringt Einsamkeit mit sich – man ist von seinen Freunden abgeschnitten – und Gefahren für das Überleben, denen man täglich ausgesetzt ist, und das ständige Gebet: »Wann kann ich wieder nach Haus, um mein Leben dort fortzusetzen, wo es unterbrochen worden ist?«

Es kommt ihnen nicht so sehr darauf an, wie der Feind aussieht. Sie wissen nur eins: Er hat sie ausgewählt, um sie anzugreifen.

Wie in einem richtigen kriegerischen Konflikt gibt es

auch hier eine Kommandostruktur. Einmal ist da die gewöhnliche Infanterie: Mom, sie ist verantwortlich für die Küche und für den Transport; Dad für den Nachschub und die Kriegskasse; Brüder, Schwestern und Großeltern sorgen für Unterhaltung, machen Besorgungen und sitzen neben einem in den Schützengräben.

Dann gibt es die Berufssoldaten. Zu ihnen gehören Krankenschwestern, Therapeuten, Sozialarbeiter, Unterstützungsgruppen, Campleiterinnen und die führenden Leute der Stiftungen, die der Krebsforschung dienen und dafür sorgen, daß die Wünsche der Patienten sich erfüllen.

Die Generäle dieser Armee sind die Ärzte. Sie bestimmen, wo und wann in diesem Feldzug geschossen wird. Sie geben die Befehle, denen man zu gehorchen hat, ohne überflüssige Fragen zu stellen. Die Befehle, die sie erteilen, sind – im besten Fall – hart. Sie schicken ihre Truppen in den Kampf und wissen, daß es Wunden, Schmerzen, Verletzte und Tote geben wird. Sie entlassen den Patienten heute aus der Klinik und rufen ihn morgen vielleicht schon wieder zurück.

Der General ist für alles verantwortlich, was in diesem Krieg an Gutem und Schlechtem geschieht. Er hat den Krieg nicht begonnen, er haßt ihn vielleicht genauso, wie die Armee den Krieg haßt, die der General anführt, aber seine Aufgabe ist es, die Truppen wieder – lebendig – nach Haus zu bringen.

Ein krebskranker Junge erzählt folgendes: Ein Freund von ihm, der in drei Kriegen als Marinesoldat gedient hatte, wurde gefragt, wie er so viele Jahre lang mit der Angst um sein Leben fertig geworden sei, und er erwiderte: »Ich mußte den Feind genau kennenlernen.«

Das ist ein Problem im Krieg gegen den Krebs. Niemand kennt ihn wirklich genau – nicht einmal die Generäle. Sie bombardieren ihn einfach mit allen Mitteln, die sie haben, und versuchen ihre Chancen, seiner Herr zu werden, mit jedem Gefecht zu verbessern.

Was die Ärzte auch sein mögen in der Hitze des Gefechts, im Leben eines Krebspatienten werden sie zur wichtigsten Person.

Ich nahm mir vor, mit einem dieser Generäle zu sprechen, nämlich mit Dr. Michael Amylon, der sich für die Dauer von zwei Wochen bei einem ›Manöver‹ im Camp Okizu nahe Sacramento, Kalifornien, befand.

Der General

Ihre grünen Augen leuchteten auf, als sie einen Rubikwürfel aus ihrer Handtasche nahm. »Wenn der Doktor mich untersucht hat, werde ich ihm diesen Würfel geben. Wenn er damit zurecht-kommt, wird er auch mit mir zurechtkommen.«

Lisa, 12 Jahre alt
Alpena, Michigan

Die zwei Stunden Fahrt vom Flughafen in Sacramento zum Camp Okizu gaben mir Zeit zum Nachdenken.

Ich dachte an Crystal aus Grass Valley, Kalifornien, die mit drei Jahren beobachtete, was im Krankenhaus vor sich ging, und sagte: »Diese Leute wissen nicht, was sie tun. An dem einen Tag tun sie Blut in mich rein, und am anderen nehmen sie es wieder heraus.«

Ich dachte an Becky aus Tigard, Oregon, die empört von ihrem Arzt berichtete: »Er sagte, ich würde nie wieder gehen können, weil ich einen so kleinen Stumpf hatte, aber ich habe es trotzdem geschafft. Ich habe ihm bewiesen, daß er unrecht hatte! Ich bin wieder gegangen. Er war richtig froh, daß ich den Nerv hatte, etwas so Mutiges und Schweres zu tun.«

Eine winzige Patientin saß auf dem Untersuchungstisch, futterte Gummibärchen und starrte nachdenklich die vertrocknete Topfpflanze auf dem Fensterbrett des Arztes an. Und dachte: ›Hoffentlich kümmert er sich um die Menschen besser als um seine Pflanzen.‹

Ich dachte an die Briefe, in denen die Ärzte als kalt und unzugänglich beschrieben wurden, und an die Buntstiftzeichnungen, in denen Kinder sich ausmalten, wie sie aus Rache eine Nadel von der Größe eines Massai-Speers in die

Rückseite ihres Arztes stechen. Ich erinnerte mich an den Jungen, der einem den Rat gab: »Wenn Sie zufällig an einen Doktor geraten, der patzig ist oder Ihre Fragen nicht beantworten will, wechseln Sie den Arzt!«

Aber es gab auch andere Briefe. Briefe, aus denen unerschrockene Liebe sprach. Zum Beispiel von Jason aus Phoenix, Arizona, der schrieb: »Mein Doktor ist ein lässiger Typ. Er nennt mich ›Squirrel's Brain‹ (Eichhörnchengehirn), aber ich weiß, daß ihm manchmal hundeelend zumute ist.«

Die sechsjährige Jessica hatte ein Herz mit vielen schönen Blumen herum gemalt und dazu geschrieben: »Dr. Reynolds liebt mich, und ich liebe ihn.«

Vielleicht hat diese Art von Ambivalenz mit der Autorität des Befehlshabers zu tun. Vielleicht müssen Ärzte sich schützen, indem sie sich hinter dicken Wänden aus Zurückhaltung und Objektivität verstecken. Vielleicht brauchen sie das, um zu überleben.

★

Ich wendete an der Fußgängerbrücke, und nach fünf Minuten Fahrt durch einen Kiefernwald, in dem aneinandergereiht die Blockhütten des Camp Okizu standen, erreichte ich den Gipfel des Hügels, auf dem Dr. Michael Amylon untergebracht war. Es war ein kleiner Raum mit einem Tisch und ein paar Klappstühlen, die Tür – die aber wegen des ständigen Kommens und Gehens nie geschlossen werden konnte – bestand aus einem Holzrahmen mit einem feinmaschigen Netz, das die Insekten draußen halten und trotzdem noch die Luft durchlassen sollte.

Er wirkte nicht gerade wie ein General, auch nicht wie ein Elektriker, der Kurzschlüsse behebt, wenn die Krebslampen ausgegangen sind. Er war groß und mager, etwa dreißig Jahre alt, trug ausgebleichte Jeans und sah mehr wie ein Mann auf einer Werbeanzeige für alkoholfreie Getränke aus.

Dieser Kinder-Onkologe, der im Stanford University Children's Hospital in Palo Alto, Kalifornien, praktiziert, bereitete sich gerade auf eine Mission vor. In ein paar Minuten wollte er zum Fluß hinunterwandern und mit einer Gruppe von Kindern fischen und Kanu fahren. Diese Kinder waren keine Krebspatienten. Sie lebten hier lediglich mit einem Bruder oder einer Schwester zusammen, die oder der Krebs hatte. Es war der erste Tag im Camp für die ›Krebsgeschwister‹. Sie hatten schon ihre kurzen Hosen, T-Shirts, Unterwäsche, Regenkleidung – und außerdem einen unbegrenzten Vorrat an Schuldgefühlen, Eifersucht und anderen ›Komplexen‹ ausgepackt.

Ich fragte mich, was für emotionales Gepäck Dr. Mike mit sich herumschleppen mochte.

Er stammt aus Neuengland. An die Universität von Stanford in Kalifornien ist er gegangen, um sich dort der Onkologie zu widmen, weil der Gedanke ihm zusagte, daß der Arzt mit dem Patienten und dessen Familienangehörigen eine dauerhafte und intensive Beziehung anknüpfen sollte.

Er hat dafür allerdings einen hohen Preis bezahlt:

»Ein üblicher Selbstschutzmechanismus«, so erklärte er mir, »besteht darin, daß der Arzt einen emotionalen Abstand zum Patienten schafft. Manche Ärzte gestatten es sich nicht, ihren Patienten gegenüber Gefühle zu entwikkeln. Sie glauben, es wäre für sie eine zu große Belastung. Wir brauchen dringend genügend Ärzte und Schwestern, die sich um die Kinder kümmern, und wenn manche von ihnen eine Mauer um sich aufbauen müssen, um ihre Arbeit fortsetzen zu können, dann ist das vielleicht okay. Aber ich finde, daß es eigentlich nicht fair ist. Ich weiß nicht, wie lange ich noch so werde weiterarbeiten können, aber ich glaube, daß die Familienangehörigen – und vor allem die kranken Kinder selbst – den Arzt während dieser schweren Zeit als Menschen sehen müssen, denn die Hilfe, die sie brauchen, ist nicht nur technischer Art. Ich bemühe mich sehr, zugänglich und menschlich zu sein.

Die Kinder müssen wissen, daß ich mich um sie sorge und daß ich ihnen gestatte, Kinder zu sein, und ich erlaube den Eltern, sie Kinder sein zu lassen. Ich möchte, daß sie soviel wie möglich zur Schule gehen. Ich möchte, daß sie ins Camp kommen und einander zeigen können, daß sie noch immer fähig sind, zu lachen und zu spielen und Spaß zu haben.

Kinder sollen nicht krank sein, und sie sollen nicht sterben. Also tue ich alles in meiner Macht Stehende, damit sie Kinder sein können, während sie das durchmachen. Die meisten von ihnen werden geheilt werden. Und daran muß man sich festhalten, sonst könnte man nicht überleben.«

»Weinen Sie oft?«

»Sehr oft«, sagte er knapp.

Dr. Mike hatte sich über die Regel Nr. 1 hinweggesetzt, die jeder Soldat in einem Krieg beachtet und die so lautet: »Baue dir eine Verteidigung auf, um dich zu schützen. Igele dich ein, damit etwas zwischen dir und deinem Gegner ist.« Ohne Wälle und Gräben ist der Soldat zu leicht verletzlich.

»Ich hatte mir nicht so richtig klargemacht, wie sehr man sich mit den Kindern anfreundet, wie sehr man an ihnen hängt und wie hart es ist, wenn... Ich dachte, ich würde fähig sein, es zu... Aber ich glaube immer noch, daß es wichtig ist, sie an mich heranzulassen, an mich als Menschen genauso wie an mich als Arzt. Nur hatte ich nicht gedacht, daß es so weh tun würde.«

Hier war ein Doktor, der achtundvierzig Wochen im Jahr Kinder behandelte. Außerdem leistete er zwei Wochen jährlich seinen freiwilligen Dienst im Camp Okizu für Krebspatienten. Die restlichen beiden Wochen kümmerte er sich im Camp Okizu um die ›Krebs-Geschwister‹.

Ich bekam angesichts dieser Leistung ein richtig schlechtes Gewissen. Wie kann man dann den Ärzten immer wieder den Vorwurf machen, sie hätten nie Zeit zum Gespräch, wären immer zu beschäftigt?

»Die Eltern haben sicherlich viele Fragen, und es gibt Dinge, die ihnen zu schaffen machen, nach denen sie uns aber nicht fragen, weil sie merken, daß wir sehr beschäftigt sind«, antwortete er. »Und sie denken vielleicht, es sei nicht wichtig zu fragen. Gewiß, wir sind wirklich sehr beschäftigt und haben eine Menge zu tun. Ich atme auf, wenn ich merke, daß die Intensität der Krankheit nachläßt und der Gesundheitszustand sich bessert. Aber die Eltern machen sich dann immer noch Sorgen, weil sie nicht genau wissen, wie es um ihre Kinder steht, das darf man nie vergessen.

Die Eltern trauen sich oft nicht, Fragen zu stellen, weil sie meine Zeit nicht zu sehr in Anspruch nehmen wollen. Ich erkläre ihnen deshalb gleich zu Anfang: ›Wenn es irgend etwas gibt, das Ihnen Sorgen macht, möchte ich, daß Sie es sagen... WARTEN SIE! HALT! ICH HABE EINE FRAGE!‹«

Wie werden Eltern mit dem Auf und Ab ihrer eigenen Gefühle und Stimmungen fertig?

»Als Arzt kann man ihnen nicht allein dabei helfen«, fuhr er fort. »Man hat dafür nicht genügend Zeit. Aber ich glaube, wir Ärzte sind verantwortlich dafür und müssen den Krebspatienten und ihren Angehörigen entsprechende Hilfen vermitteln. Selbsthilfegruppen... Familiencamps... Sie können nicht mit ihren Bridgepartnern über solche Dinge reden. Die würden sie nicht verstehen. Der Streß, dem diese Familien ausgesetzt sind, ist ungeheuer. Und manche Familien haben das Gefühl, die Schlacht zu verlieren, wenn sie zugeben, daß sie Hilfe brauchen.«

Orden und Ehrenzeichen würden auf Dr. Mikes T-Shirt irgendwie nicht passen. Er würde sie wahrscheinlich sowieso nicht tragen. Aber wenn er es täte, dann wäre da eines für jenen Jungen, den er sieben Jahre lang behandelt hat und der ihn später zusammen mit Frau und Baby in seiner Praxis besuchte. Und eines auch für den beinamputierten Jungen, mit dem er zusammen Ski zu laufen pflegte – Dr. Mike war gerade auf seiner Hochzeit zu Gast. Und er würde sich in der Erinnerung an den kleinen Jungen mit dem blonden Lockenkopf sonnen, der alle zwei Wochen zur Knochenmarksbehandlung zu ihm in die Praxis kam und der dem Dr. Mike – nach all den Schmerzen, die der Arzt ihm hatte zufügen müssen – die Arme um den Hals schlang und ihn an sich drückte und »danke!« sagte. (»Es wäre mir beinahe lieber gewesen, er wäre aufgestanden und hätte mir eins auf die Nase gegeben!« sagte mir Dr. Amylon.)

Wenn er spricht, spürt man den Stolz und die Hochachtung, die er seiner Armee von kleinen Kämpfern gegenüber empfindet... diesen kleinen Leuten gegenüber, die zu ihm in die Praxis kommen und mit ihm unter vier Augen reden möchten. Sie wollen ihm in Gegenwart ihrer Eltern keine Fragen stellen, weil ihre Mütter darüber leicht in Tränen ausbrechen. Nicht weniger fühlt er mit den Geschwistern mit, die man zu einem Krieg eingezogen hat, von dem sie nicht wissen, wie sie ihn führen sollen.

»Die Geschwister haben das Gefühl, sie seien für vieles von dem, was vor sich geht, verantwortlich. Denn sie erinnern sich an eine Zeit, in der sie ›böse‹ waren, obwohl sie ›gut‹ hätten sein sollen, und nun fühlen sie sich dafür bestraft.

Sie haben Angst, daß sie selbst auch an Krebs erkranken könnten, weil sie nicht wissen, wie er entsteht. Man schiebt sie zu Tante Harriet ab, wenn die übrige Familie ins Krankenhaus geht. Man sagt ihnen nichts, weil die Eltern der Meinung sind, daß sie nicht richtig verstehen können, was vor sich geht, und so schaffen sich die Geschwister Phantasiebilder von dem, was da los sein mag – und die sind gewöhnlich schlimmer als die Realität selbst. Kinder können solche Dinge besser verstehen, als die Eltern glauben.

Manche von den jüngeren Kindern entwickeln sogar körperliche Symptome, die denen ihres Bruders oder ihrer Schwester sehr ähnlich sind, bevor man bei ihnen Krebs festgestellt hat – denn ihnen gilt ja die ganze Aufmerksamkeit der Umgebung, sie bekommen all die Geschenke und Briefe. Ihre schulischen Leistungen lassen nach. Sie haben wirklich kaum Gelegenheit, all ihre Gefühle und Gedanken herauszulassen – hier im Camp wird sie ihnen geboten.

Wissen Sie«, sagte er lächelnd, »sie sind sogar eifersüchtig auf die Freunde, die ihre kranken Geschwister in der Klinik haben – eine Lieblingsschwester, einen Lieblingsarzt, all die Leute, von denen sie die ganze Zeit sprechen.«

Als er sich zum Weggehen anschickte, fügte er hinzu, wie sehr das Krebsschlachtfeld von Minen bedeckt sei, das heißt von erfreulichen und von bösen Überraschungen. Er lächelte, als er vom schwarzen Humor der erkrankten Kinder sprach, der ihn immer wieder überrasche und den wenige Erwachsene begreifen. Ich berichtete ihm von dem siebenjährigen Douglas, der sagte, er wolle ein Buch über den Krebs mit dem Titel ›Da... Da... Das ist alles, Leute‹ schreiben. Der Gedanke war ihm bei der Lektüre eines Comic-Hefts gekommen.

Dr. Amylon schüttelte den Kopf. »Ich bin wahrscheinlich nicht Weltmeister im Witzeerzählen, aber wir albern mit den Kindern ganz schön herum, und sie reagieren gut darauf. Es gibt ihnen ein bißchen mehr Sicherheit. Wenn man nicht über sich selbst lachen kann, über wen *kann* man dann lachen?«

»Sie reißen schreckliche Witze«, fuhr er fort. »Amputierte tragen ihre Beine über der Schulter. Sie fahren die Autobahn entlang und sehen jemanden in einem anderen Wagen, der sie anstarrt. Und sie liften ihre Perücke. Eigentlich furchtbar, aber ich glaube, solche Scherze sind gesund.«

Für die Chemotherapie
mußt du Haare lassen

Als die blonden Locken der dreijährigen Carrie alle fort waren und ein wenig Flaum nachzuwachsen begann, betrachtete sie neugierig den von schütterem Haar bedeckten Kopf ihres Vaters, als er sich vornüberbeugte, um ihr den Schuh zuzubinden. »Daddy«, fragte sie, »kommt dein Haar gerade wieder, oder geht es gerade weg?«

Carries Mutter
Williamstown, Maine

Wenn Erwachsene sagen: »Witze über kahle Köpfe machen ist gesund«, fragen sich Kinder, die eine Chemotherapie machen und ihr Haar ausfallen sehen, wieso jemand, der angeblich so gesund ist, trotzdem nicht zur Schule gehen kann.

Seien wir ehrlich: Der Haarausfall bei der Chemotherapie* ist ganz schlimm!

Ich habe mir einmal ausgerechnet, daß das Haar eines Teenagers die Eltern runde dreitausend Dollar im Jahr kostet – Geld, das sie nicht von der Steuer absetzen können. Wenn man die Kosten für Shampoo, Haarfestiger, Bleichmittel, Cremespülung, Schaumfestiger, Haargel, Dauerwellen, Haarschnitte, Lockenstäbe, Haarspray, Lockenwickler, Tönungen und Färbemittel, Haarbänder und Haarschmuck

---

* In der Chemotherapie werden dem Körper Zellgifte zugeführt, sogenannte Zytostatika, die speziell alle schnell wachsenden Zellen vernichten. Das sind einerseits die Krebszellen, andererseits aber die Zellen von Haut und Haar, im Knochenmark und im Magen-Darm-Trakt sowie in den Geschlechtsorganen. Vorübergehende, zum Teil aber sehr heftig auftretende Nebenwirkungen sind: Übelkeit, Erbrechen, Haarausfall, Entzündung der Schleimhäute, Ausschlag, Muskelschwäche und eine große Anfälligkeit gegen Infekte. Die Chemotherapie dauert meistens ein Jahr lang, in dem die Zytostatika anfangs sehr massiv, später aber nur noch in Abständen und auch nur noch abgeschwächt eingesetzt werden, so daß die Patienten häufig zu Haus bei ihren Familien bleiben können.

und einen eigenen Wassererhitzer zusammenrechnet, hätten wir uns davon unser eigenes Kraftwerk kaufen können, um zumindest den Strom zu erzeugen, den obendrein auch noch der Fön verbraucht. So wichtig ist das Haar.

Sie werden in diesem Buch viel über Mut und persönliche Tapferkeit lesen, aber es ist mein voller Ernst, wenn ich Ihnen sage, daß der Mut, von dem dieses Kapitel handelt, der bewundernswerteste ist.

Für viele krebskranke Kinder stellt der Verlust ihres Haars durch die Chemotherapie den endgültigen und größten Schlag gegen ihre kindliche Würde dar. Sie werden nun ihres letzten Schutzes beraubt und nackt und verletzbar an die Gesellschaft ausgeliefert. Sie haben ihren Platz in einer Welt verloren, in der man durch den Druck der Gleichaltrigen akzeptiert... oder ausgestoßen wird.

Tommy, vier Jahre alt, aus Buffalo, New York, hat ein Phänomen kennengelernt, das wir ›reverse peer pressure‹ (umgekehrter Druck der Gleichaltrigen) nennen wollen.

Tommys Mutter hatte Tage damit zugebracht, ihren Sohn auf den unvermeidlichen Verlust seines Haars vorzubereiten. Jedesmal, wenn er brüllte »Ich brauche mein Haar!«, brüllte sie zurück: »Wofür?« Schließlich überzeugte sie ihn davon, daß er auch ohne Haar weiteratmen könnte. Er fand sich damit ab und wartete nun auf die Haarbüschel, die auf dem Kopfkissen oder im Abfluß der Dusche liegen bleiben würden. Er wartete jedoch vergeblich.

Tommy verlor sein Haar an den Beinen und Armen, aber sein Kopfhaar blieb intakt. Als er in die Klinik kam, sah er ›anders‹ aus. Alle Kinder dort waren kahlköpfig. Sie redeten über ihn. Er sah nicht so aus wie sie, gehörte irgendwie nicht zu ihnen, hatte selbst nicht das Gefühl, zu ihnen zu gehören. Nachdem man ihn ungefähr eineinhalb Jahre behandelt hatte und nach monatelangem Betteln gab Tommys Mutter endlich nach und rasierte ihm den Kopf kahl. Er gab sein Haar auf, an dem er früher so gehangen hatte. So stark war der Druck der Gleichaltrigen.

Eine Weile gefiel es Tommy, daß man ihn Baldy (Kahli) nannte. Aber schließlich fand er sich doch wieder diskriminiert. Diesmal von denen, die Haare hatten. Immer, wenn er sich außerhalb seiner eigenen Gruppe befand, starrten ihn die Leute an und machten Bemerkungen über ihn.

Jeder Chemo-Patient wird mit seiner Kahlköpfigkeit auf seine eigene Art fertig. Manche tragen Schals oder Kopftücher, andere Hüte, manche tragen Perücken. Aber die Perücken sind heiß und die Auswahl ist begrenzt, vor allem für Kinder. Man stelle sich vor: Möchtest du aussehen wie Eva Gabor, wenn du sechs Jahre alt bist? Und so werden die Kinder ganz schön ›kreativ‹ bei ihren Antworten, wenn jemand sie fragt: »Was ist mit deinem Haar passiert?« Hier ein paar von ihnen:

»Ich hatte es satt, dauernd Shampoo in die Augen zu kriegen.«

»Der Wind hat es einfach ausgerissen.«

»Mein Vater ist Kojak.«

Und diese hier hat mir besonders gefallen: »Ich habe mich gerade bei den Marines gemeldet.«

»Was ist mit deinem Haar passiert?«

»Ich habe es verkauft.«

»Schlechte Gene. Meine Mutter hat eine Glatze.«

»Du würdest nie darauf kommen, weshalb ich gerade meinen Friseur gefeuert habe.«

»Ich habe es gegen diesen Körper eingetauscht.«

»Ich brauchte gerade ein Geschenk und hatte kein Geld.«

Als die Rockgruppe Grateful Dead ein Konzert in Cape Charles, Virginia, gab, entdeckte ein Mädchen namens Lynn neue Möglichkeiten für ihren Glatzkopf. Ihre Freundinnen malten ihr mit Leuchtfarbenstiften das Emblem der Grateful Dead auf den Schädel, und das rief ein gewisses Aufsehen hervor. Alle Zuhörer des Konzerts fanden es todchic und wollten wissen, wie sie es geschafft hatte, ihre Mutter zu überreden, daß sie sich den Kopf kahlrasieren lassen durfte.

Lisa hatte auch ein Gefühl für dramatische Wirkungen. Sie befand sich in der Klinik und saß mit einer Perücke auf dem Kopf im Rollstuhl. Zwei kleine Patienten starrten sie an. Sie starrte zurück. Dann sagte sie: »Heh! Möchtet ihr wissen, was passiert, wenn man sein Gemüse nicht essen will?« und riß sich die Perücke vom Kopf, woraufhin die beiden Kinder in ihr Zimmer zurückrannten. Später sagte sie zu ihrem Bruder: »Ich möchte wissen, was die Diätköchin sagen wird, wenn sie sich auf ihren Blumenkohl stürzen.«

Ein Junge wurde zum wandelnden Werbeträger für die Motorräder von Harley-Davidson, als er sich einfach ein Abziehbild auf den Hinterkopf klebte. David wiederum begann (mit achtzehn) sein zweites Collegejahr und überließ es seinem T-Shirt, die Sache zu erklären. Auf der Vorderseite las man: »Was glotzt du? Ein paar von meinen Lehrern sind auch kahl.« Und wenn er sich umdrehte, las man: »Nun sehe ich besser aus.« Das half ihm über schwere Zeiten hinweg.

Wenn Sie nicht glauben wollen, daß Haar für Vögel da

ist, dann hören Sie sich bitte Erins Geschichte an. Nach sechs Monaten Chemotherapie (gegen einen Nierentumor) verlor die Vierjährige ihr Haar. Eine Friseuse, die mit der Familie befreundet war, schlug ihr vor, sie solle es sammeln und hinauslegen, damit die Vögel es fänden und für den Nestbau benutzen könnten. Als die Nachricht herum war, brachten ihr alle ihr abgeschnittenes Haar, damit sie es an die Vögel weiterleitete.

Fünf Monate, nachdem sie aller Leute Haar zu sammeln begonnen hatte, nahm ein Förster sie mit hinaus in den Naturschutzpark in der Nähe ihres Wohnortes. Sie wollten feststellen, ob ihr verlorenes Haar von den Vögeln angenommen worden war. Und wirklich fanden sie mehrere Nester mit dem Haar, das Erin hinausgelegt hatte.

Kahl zu sein in einer haarigen Welt ist nicht leicht – nicht einmal für Erwachsene. Der Sportjournalist und Autor Joe Garagiola erzählte dem Fernsehmoderator Johnny Carson einmal, wie sehr er es haßte, wenn die Leute ihn fragten, wann er sein Haar verloren hätte. »Sie tun so, als hätte ich es verlegt«, sagte er. »Oder schlimmer noch, sie fragen mich, warum ich meine Kahlheit nicht kurieren lasse. Es ist nun mal keine Krankheit wie Fußpilz oder Kopfschmerzen. Und wie oft kann man lachen über: ›Heh, Joe, weißt du, was den Haarausfall aufhält? Der Fußboden!?‹«

Carl Reiners, ein kahlköpfiger Schauspieler und Produzent, hatte in bezug auf Kahlköpfigkeit seine eigenen Regeln aufgestellt. »Jeder, der tagsüber Haar auf dem Kopf trägt, ist in meinen Augen ein Trottel, denn was bleibt ihm dann noch für den Abend übrig?«

Viele finden, daß der Humor sich manchmal im allertrübsten Augenblick zu Wort meldet. So war es auch bei

Samantha. Samantha war eine geprüfte Daumenlutscherin und Löckchenwicklerin (sie wickelte sich ihr Haar ständig um den Finger), aber nach fünf Monaten Chemotherapie hatte sie fast ihr ganzes Haar verloren, und Löckchenwikkeln wurde zu einem richtigen Problem.

Eines Abends, als sie zu Bett gehen wollte, bat sie ihre Mutter, bei ihr zu schlafen. Die Mutter führte tausend Gründe an, weshalb sie es nicht tun sollte, einschließlich ihres letzten, der bei Kindern immer wirkte: »Ach du Dummchen, Mutti und Vati müssen zusammen in einem Bett schlafen, du aber hast so ein Glück, du hast eines ganz für dich allein.« Samantha ließ sich nicht überzeugen. Sie wollte immer noch mit ihrer Mutter zusammen schlafen. Schließlich wandte die Mutter sich erzürnt an ihre Tochter: »Samantha, bitte nenne mir einen stichhaltigen Grund, warum ich bei dir schlafen soll.«

Mit großen braunen Augen sah sie auf und sagte: »Weil ich nicht genug Haare zum Löckchenwickeln habe, und du hast welche.«

Es gibt eine gute Nachricht: die Haare wachsen wieder. So hast du vielleicht in dem einen Jahr Pech und verlierst sie wegen der Chemotherapie. Eines Tages bist du kahl, und dann wächst dir wieder Flaum nach, und schließlich hämmert deine Mutter an die Badezimmertür und erinnert dich daran, daß dein Dreitausend-Dollar-Haar allmählich zu teuer wird, daß es dir, wenn du nicht aufhörst, es so oft zu waschen, eines Tages ausfallen wird.

Wozu ist eine Mutter da?

»Bei einer von Davids Untersuchungen warf ich einen Blick auf das Röntgenbild seiner Lunge, und alle, die im Raum waren, sahen, wie leichenblaß ich wurde. Da war deutlich ein großer Schatten. Sein Onkologe sah mich an und sagte: ›Es ist alles in Ordnung, Mrs. Peterson, was Sie da sehen, ist Davids Herz.‹«

Davids Mutter
Two Rivers, Wisconsin

GESUCHT. Frau, die ein Kind mindestens zwanzig Jahre lang aufzieht, unterrichtet und unterhält. Muß bereit sein, Ei aufzuessen, wenn Dotter bricht, alles mit der Hand aufzufangen, was das Kind ausspuckt, und mit den Zähnen nasse Schnürsenkelknoten zu lösen. Muß bereit sein, ›bösen Zahn‹ einzuwickeln und Badezimmerschloß mit Schischkebab-Fleischspieß zu öffnen. Siebentagewoche, Vierundzwanzigstundentag, einschließlich Feiertagen. Zahnärztliche Versorgung, Urlaub, Krankenversicherung und Firmenwagen Verhandlungssache.

Wenn es eine Arbeitsplatzbeschreibung für Mütter gäbe, käme die obige der Wirklichkeit recht nahe. Wenn es sich um eine ›Mutterstelle‹ bei krebskranken Kindern handelte, müßten Sie noch folgendes hinzufügen: Rechnen Sie außerdem mit circa 40 Wochenstunden, in denen Sie in Wartezimmern bei Ärzten Zeitschriften lesen und Chauffeurdienste leisten müssen, um das Kind zur Behandlung und wieder zurück zu fahren, in denen Sie Schlange stehen, um Arzneimittel zu bekommen, und in denen Sie Besorgungen und Dienstleistungen aller Art und zu jeder Tages- und Nachtzeit auszuführen haben. Außerdem müssen Sie Schuldgefühle ertragen, daß Sie nicht genug Zeit für die anderen Familienmitglieder haben. Hauptaufgabe besteht darin, sich 24 Stunden am Tag mit Ängsten herumzuquälen. Bewerberin muß wissen, daß ›Küsse und Liebhaben‹ nichts gegen Krebs ausrichten.

Das klingt alles so wie die berühmte alte Anzeige in den Zeiten des ›Wilden Westens‹, mit der man Kutscher für den Pony Express warb: DIE ARBEIT IST GEFÄHRLICH. WAISENKINDER WERDEN BEVORZUGT EINGESTELLT. Aber Mutter-Sein ist ein Job, den man überleben kann. Man braucht nur eiserne Nerven und ein Herz, das allen emotionalen Höhen und Tiefen gewachsen ist.

Sich-Sorgen-Machen steht ganz oben auf der Liste der Prioritäten. Estelle, einer Mutter aus Path, Rhode Island, gelang es, eine Kunstform daraus zu entwickeln. »Als Mutter empfand ich es als meine Pflicht, mir Sorgen zu machen. Als Mutter eines Onkologiepatienten habe ich das perfektioniert. Ich habe mir Listen von Sorgen angelegt aus Angst, daß ich eine vergessen könnte. Bei jeder neuen Information, die ich erhielt, revidierte ich meine Liste und entwickelte komplizierte neue Sorgen.

Innerhalb von sechs Jahren hatte ich eine Liste von 142 Punkten beisammen, über die ich mir Sorgen machen mußte. Sechs bewahrheiteten sich, und diese Befürchtungen trafen tatsächlich ein, von ihnen allerdings zwei, die nicht auf meiner Liste standen. Ich glaube, ich war doch nicht so gründlich, wie ich gedacht hatte, aber ich gebe trotzdem nicht auf.«

Nicht aufgeben! Nicht aufgeben! Nicht aufgeben! Tommys Mutter in Buffalo, New York, bekam einen hysterischen Anfall, als Tommy beim Überqueren der Straße flach aufs Gesicht fiel. »Tommy! Tommy! Was ist los? Warum kannst du nicht gehen?!?« Er sah auf und sagte: »Weil mein Schnürsenkel aufgegangen ist.«

Als Steve in seinem Zimmer in der Klinik zu schreien anfing, alarmierte seine Mutter, die sich auf dem Korridor befand, das Personal der Erste-Hilfe-Station, das mitsamt Ausrüstung an sein Bett raste, nur um feststellen zu müssen, daß Steve gerade ein Baseballspiel im Fernsehen verfolgte. Er erklärte: »Das war ein Ballfehler, und nicht der von Yaz.« (Carl Yastrzemski von den Boston Red Sox.)

Freilich, wenn man Kinder aufzieht, die keine lebensgefährliche Krankheit haben, bewegt man sich auch auf schwankendem Grund, aber es gibt da wenigstens ein paar Faustregeln. Bei einem kranken Kind gibt es kaum irgendwelche Anleitungen, und man weiß nicht, an welche Regeln man sich halten und welche man über Bord werfen soll.

Wenn Ihre zwölf Jahre alte leukämiekranke Tochter Sie auf dem Weg zu einer Tanzveranstaltung in der Turnhalle ihrer Schule fragt: »Mama, glaubst du ehrlich, daß irgendwer mit einem zwölfjährigen Mädchen tanzen wird, das keine Haare hat?« – was antworten Sie ihr darauf?

Sie versuchen Ihr Bestes, und der Arzt, der Ihr Kind behandelt, fragt Sie eines Tages: »Sie glauben, daß Sam sterben wird, nicht wahr?« Wenn Sie »Nein!« schreien, fragt er: »Warum behandeln Sie ihn dann so?«

Wie werden Sie mit der Ambivalenz Ihrer Gefühle und Reaktionen fertig, wenn Sie Ihren Sohn morgens anschreien, weil er auf den Teppich geblutet hat, und sitzen andererseits nachts, wenn er schläft, an seinem Bett und beobachten ihn, nur weil Sie in seiner Nähe sein möchten?

Wie werden Sie mit Ihrem Zorn fertig, wenn Sie noch so einen lächelnden, durch und durch wohlmeinenden

Menschen sagen hören: »Ich weiß gar nicht, wie Sie es geschafft haben. Sie haben ja soviel durchgemacht!« Ganz so, als ob Sie die Wahl gehabt, als ob Sie es sich hätten aussuchen können.

Mütter, die wissen, wovon sie sprechen, weil sie es auch durchgemacht haben, geben Ihnen den Rat: »Ruhen Sie sich aus, überlassen Sie ein paar von den Sorgen, die Sie mit der Behandlung haben, Ihrem Mann, versuchen Sie mit jemandem über etwas anderes als Krebs zu reden und kaufen Sie sich irgend etwas, ganz gleich, ob Sie es brauchen oder nicht. Frönen Sie auch mal Ihren eigenen Neigungen und vergessen Sie sich selbst nicht.«

Aber meistens denken Sie doch nur an das eine: daß es nichts gibt, das Sie tun können, um Ihre Situation zu ändern, und so versuchen Sie sich, so gut es geht, an die Normalität zu halten und den Humor nicht zu verlieren.

In der Kommandostruktur dieses Krieges sind Mütter hauptsächlich für den Transport und für die Ernährung der Truppen verantwortlich, die Tag für Tag gegen die Krankheit kämpfen. Das klingt sehr einfach, nicht wahr? Jedermann weiß, daß Kinder nicht alles essen, was man ihnen vorsetzt. Normalerweise essen sie nichts, das ihre Mutter ihnen einpackt, und nichts, das nicht gerade in der Fernsehwerbung vorgekommen ist.

Aber die Eßgewohnheiten von krebskranken Kindern sind ganz verschieden: Das eine Kind ißt eine Banane pro Tag und erbricht sie wieder, während es sich in chemotherapeutischer Behandlung befindet, das andere, das ebenfalls Prednison bekommt, ißt pausenlos und wird trotzdem nie satt.

Prednison ist ein Mittel, das bei verschiedenen Menschen verschieden wirkt, aber bei manchen ruft es einen unersättlichen Appetit hervor, der an den von Orson Welles erinnert. Einem solchen Kind unablässig neue Nahrung zu verschaffen, kann für die betreffende Mutter zu einer aerobischen Übung werden.

Manche Kinder wissen die Telefonnummer der nächsten Pizzeria auswendig. Es kommt nicht selten vor, daß so ein Kind drei Hamburger, einen Schokoladenshake und Pommes frites hintereinander verschlingt und sich als Nachtisch noch ein paar Truthahnsandwiches, eine halbe Torte und einen Teller Spaghetti genehmigt.

Manche wachen nachts auf und haben Hunger auf Kartoffelchips mit Knoblauchsoße. Andere verlangen, ohne mit der Wimper zu zucken, Blumenkohl zum Frühstück.

Wenn wir Orden für Geduld und Durchhaltevermögen verteilen würden, wäre Jeanne, eine Mutter aus Woburn, Massachusetts, bestimmt unter den oberen zehn.

Als ihr Sohn Bobby drei Jahre alt war, stellte man fest, daß er Leukämie hatte, und als er abmagerte und schwächer wurde, verschrieb ihm der Arzt Prednison, weil er dachte, daß es seinen Appetit steigern würde. Er warnte Jeanne, daß wahrscheinlich Stimmungsumschwünge auftreten würden.

›Also, ich nehme gern Stimmungsumschwünge in Kauf, wenn sein Appetit davon besser wird‹, dachte Jeanne.

Sie waren kaum zu Haus angekommen, als Bobby verkündete: »Ich hab Hunger. Gib mir ganz schnell Hafergrütze und Zimttoast.« Jeanne bereitete es ihm gerne zu. »Er aß rasch und mit einem ernsten Gesichtsausdruck, ähnlich einem wilden Tier, das seine Beute verschlingt«, erklärte sie. »Als er fertig war, sagte er: ›Mehr Toast!‹«

Nachdem er neun Scheiben gegessen hatte, war Jeannes Brot alle, und er befahl ihr, neues zu kaufen. Sie redete ihm zu, er solle doch Eier essen, und als sie sie ihm zubereitete, holte er eine Schüssel mit Gelatinepudding aus dem Kühlschrank. Sie legte gerade den letzten Löffel in den Geschirrspüler, als Bobby sich zum Kühlfach bewegte und zwei Flaschen Limonade herausnahm. Nachdem er sie ausgetrunken hatte, ruhte er sich aus.

»Mein eigentlich ganz lieber und angenehmer Junge hatte so einen Stimmungsumschwung, daß er sich in ein hungriges Tier verwandelte«, sagte sie. »Auf der Suche nach etwas Eßbarem tigerte er dauernd in Küche und Keller herum. Eines Tages, als er besonders schwach war, ließ er sich von seinem zweijährigen Bruder im Wagen zum Kühlschrank ziehen.« (Sie zeigte mir das Bild eines allerliebsten kleinen Jungen, der einen ebenso entzückenden Jungen in einem roten Wägelchen schob.)

»Er steckte sich Würstchen in die Taschen seines Overalls und holte sich heimlich Käse ins Wohnzimmer, während ich im Badezimmer war. Wenn wir Nachbarn und Verwandte besuchten, stibitzte er aus dem Kühlschrank Schinken und Wurst.«

Als die Dosis dann herabgesetzt und seine Therapie regelmäßiger wurde, bekam er drei Wochen lang eine bestimmte Behandlung, und in der vierten Woche sollte er sich davon erholen. Dieser Zyklus wurde mehrmals wiederholt. Während der vierten Woche entwickelte Bobby jeweils Hunger auf eine bestimmte Nahrung. In der einen Woche war es Schlagsahne. Dann wechselte er plötzlich von Schlagsahne über zu gerösteten Maiskolben. Und die gab es im Januar in Massachusetts nicht gerade reichlich.

»Er wachte oft mitten in der Nacht auf und wollte essen. Eine Woche lang war er scharf auf geröstetes Schweinefleisch mit Reis, so daß mein Mann dauernd zum chinesischen Restaurant hetzte. Eines Morgens früh um drei fand ich mich über den Küchentisch gebeugt, den Kopf in die Hände gestützt, während mein finster blickender Sohn mir gegenübersaß und ungeduldig darauf wartete, daß der Reis im Backofen warm wurde.«

Jede Frau, die unter der morgendlichen Übelkeit gelitten hat, wird mit Jeanne mitfühlen. Sie war im zweiten Monat schwanger, als Bobby eine Vorliebe für Hühnerbeine oder Fleisch am Knochen, wie er es nannte, entwickelte. Er aß sie zu jeder Mahlzeit, und als Bobby eines Morgens in der Klinik saß und Fleisch am Knochen zum Frühstück aß, steckte Jeanne den Kopf aus dem Fenster im achten Stock, sog stöhnend hühnerfreie Luft ein und betete: »O Gott, erbarme dich meiner.«

Das zweite Jahr war leichter, weil Bobby in seinen Obst- und-Gemüse-Zyklus eintrat. Zusammen mit seiner Diät begann sich auch seine Stimmung zu bessern.

Im Februar des zweiten Jahres seiner Behandlung schneite es heftig in Massachusetts. Jeanne zog die Jungen warm an und fing an, auf dem Rasen vorm Haus einen Schneemann zu bauen. Sie setzten Frosty einen Kopf auf, und Jeanne ging ins Haus, um Schokoladenkekse zu holen, die als Augen dienen sollten. Bobby hatte seine eigenen Vorstellungen. Als Jeanne zurückkam, sah sie, daß Frosty eine Karottennase bekommen hatte und daß ihm zwei weitere Karotten im Rücken staken. Bobby nahm Jeanne bei der Hand und sagte stolz: »Frosty kriegt gerade eine Rückenmarkspunktion.«

Bobby hatte einen langen Weg zurückgelegt. Ein Jahr zuvor hätte sein Schneemann noch ohne etwas dagestanden – Bobby hätte die Karottennase und die Karottennadeln im Rückenmark des Schneemanns aufgegessen.

»Am Krebs ist gewiß nichts komisch«, sagte Jeanne. »Aber es haben sich dadurch Situationen entwickelt, die sehr lustig waren – vor allem, wenn man jetzt daran zurückdenkt.«

Ich habe mir den Götzendienst am Altar der Ewigen Schuld bis zuletzt aufgespart, weil Mütter (sie haben die ›Schuld‹ erfunden!) mehr Methoden der Selbstkasteiung entwickelt haben als jede andere Spezies auf der Welt. Sie besuchen diesen Altar tagtäglich und legen ihm so eigenartige Fragen zu Füßen wie diese: »Wie konnte ich es zulassen, daß meinem Kind so etwas zugestoßen ist?« – »Was bin ich für eine Mutter, daß ich über einen Film mit Bette Midler lachen kann, während mein Kind Krebs hat?« – »Ich habe kein Recht, Gott zu fragen, wie lange ich so ein Leben werde ertragen müssen.« – »Vergib mir. Ich habe schon wieder die Badezimmertür hinter mir abgeschlossen und so getan, als ob ich nicht da wäre.« Die Liste dieser Selbstanklagen ist endlos.

Mütter sind darauf programmiert, ein Kind bis zur Reife zu bringen, und bei allem, was heilig ist: Sie werden sich mit ihrer ganzen Kraft dafür einsetzen, es zu schaffen. Ihre Entschlossenheit ... ihr Kampfesmut ... ihre Zivilcourage ... ihre Liebe ... sind restlos darin investiert. Es ist keine Kraft auf der Erde so stark wie eine Mutter, die darum kämpft, ihr Kind wieder heil und gesund zu machen, ganz gleich, was es kostet.

Eine Mutter ist ähnlich wie jene jüdische Großmutter, die ihren Enkel eines Tages mit zum Strand nahm, natürlich komplett mit Eimer und Schaufel und Sonnenhut. Die Großmutter nickte ein, und während sie schlief, kam eine große Welle und riß das Kind mit sich hinaus ins Meer. Die Großmutter wachte auf und war außer sich. Sie fiel zu Boden, auf die Knie, und betete: »Großer Gott, wenn du mir meinen Enkel wiedergibst, bin ich zu allem bereit. Ich werde Mitglied in welchem Verein du auch willst. Ich werde ohne Bezahlung im Krankenhaus arbeiten, den armen Leuten Geld spenden und auch sonst alles tun, was dich glücklich macht.«

Plötzlich warf eine riesige Welle ihr ihren Enkel zurück auf den Strand, ihr zu Füßen. Sie sah, daß seine Wangen rosig waren und daß seine Augen leuchteten. Er war am Leben. Als sie aufstand, schien sie sich allerdings zu ärgern. Sie stemmte die Hände in die Hüften, sah zum Himmel auf und sagte bitter: »Ich weiß aber genau, daß er einen Hut auf dem Kopf hatte.«

Die Mütter dieser kranken Kinder wollen das zwar nicht hören, aber im allgemeinen sind sie eine eindrucksvolle Streitmacht und besitzen alle menschlichen Schwächen und Mängel, die wir anderen auch haben, nur... erheben sie sich irgendwie darüber... lachen, wenn sie können... und weinen, wenn sie müssen.

Es gibt keine unfehlbare, gut ausgebaute, ideale Straße zum Überleben mit ganz bestimmten Rastplätzen, Serviceleistungen, kostenlosen Landkarten und anderen Reisenden, die einem sagen können, wie es weiter vorn aussieht. Jede Mutter muß ihre eigene Strecke zurücklegen, um dorthin zu kommen, wo sie hinwill.

Als Sandra Bakun an ihrem Ziel ankam, merkte sie, daß sie nicht mehr dieselbe Frau wie am Anfang der Reise war.

Aber das geht den meisten Müttern so.

Eine Mutter gibt nicht auf

Sie fuhren von Boston nach Haus, als Jill ein für allemal erklärte, daß sie das alles nicht noch einmal durchmachen würde. Ihr Krebs war wiedergekommen, und sie wollte nicht mehr. Sie wollte die Medikamente nicht mehr nehmen. Sie war nicht bereit, wieder eine solche Behandlung mitzumachen. Nicht bereit, wieder ihr Haar zu verlieren.

»Dann begehst du Selbstmord!« schrie ihre Mutter. »Ich will nicht, daß du stirbst. Ich binde dich an einem Stuhl fest und flöße dir die Medizin mit Gewalt ein! Du redest davon, dein blödes Haar zu verlieren! Wir reden von deinem Leben!«

Irgendwie fiel mir die Vorstellung schwer, daß diese große, schlanke, so sanft und sympathisch wirkende Frau je die Stimme erhoben hatte. Nicht einmal die Ausdrucksweise schien zu ihr zu passen.

Aber es war kein normaler Tag für Sandra Bakun oder ihre Tochter gewesen. Nach sechs Jahren Kampf gegen die Leukämie hatte Jill einen Rückfall erlitten, und nun bekam Sandra Kräfte, daß sie sich selbst nicht wiedererkannte. Zum erstenmal begriff sie jetzt wohl, daß der Krebs nichts Vorübergehendes, kein bloßes Zwischenspiel in ihrem Leben war – er gehörte genauso dazu wie das Atmen. Sie konnte entweder darin untergehen oder schwimmen lernen.

Mit sechsundvierzig hat Sandra Bakun fast zwei Drittel ihres Ehelebens damit verbracht, ihrem krebskranken Kind beizustehen. Siebzehn Jahre lang hat sie alle emotionalen Höhe und Tiefen kennengelernt: Zweimal wurde bei ihrer Tochter Krebs festgestellt, zweimal erlebte sie eine Remission (das heißt, ein vorübergehendes Zurückgehen der Krankheitserscheinungen), einmal erlitt das Mädchen einen Rückfall.

Der Kampf von Jill, ihren beiden Schwestern, ihrem Bruder und ihrem Vater sind allesamt Geschichten, die von einem besonderen Mut zeugen. Das hier ist allerdings die Geschichte einer Mutter, die ›eingezogen‹ wurde, um in einem Krieg ›ihren Mann zu stehen‹, und die weiß, daß sie nie mehr ›aus der Armee ausscheiden‹ kann. Weil es nie zu einem Waffenstillstand oder gar einem Friedensschluß kommen wird.

Wie jeder Kriegsveteran kann sich Sandra ihr Leben ›vor dem Krieg‹ jederzeit rasch ins Gedächtnis zurückrufen. Es ist wie ein altes, schon ein wenig abgegriffenes Photo, das man in der Brieftasche bei sich trägt, um sich von Zeit zu Zeit daran zu erinnern, wofür man kämpft.

Sie hat schon mit neunzehn geheiratet und war eine ganz normale, typische Hausfrau und Mutter von vier Kindern, sie lebte mit ihrer Familie in Stow, Massachusetts, einem Vorort fünfzig Kilometer außerhalb von Boston. Sie arbeitete in der League of Women Voters (Liga der weiblichen Wähler) mit, saß auf der Wäscheschleuder, um sie zu stabilisieren, wenn sie die Turnschuhe darin hatte und versuchte, mit dem jeweiligen Trauma der Woche fertig zu werden, zum Beispiel: »Peter ist die Kellertreppe hinuntergefallen und seine Wange mußte genäht werden, und ich dachte, ich wäre keine gute Mutter, daß ich so etwas nicht verhindert habe.« Eine ganz normale, typische Hausfrau und Mutter.

Nebenbei, um nicht den Verstand zu verlieren, schrieb sie daheim regelmäßig eine kleine Kolumne für eine Lokalzeitung. »Eines Tages hatten wir einen schrecklichen Schneesturm, und ich schrieb diesen idiotischen Beitrag darüber, wie Mütter zu Haus mit den Kindern den Schneesturm überlebt haben. Meistens ging es allerdings um die bekannten Lokalgrößen, von deren Worten und Taten ich berichtete. Ich verdiente damit nicht viel Geld, aber es machte mir Spaß. Ich war nur so eine kleine, dumme Landmaus.« Sie zuckte die Achseln.

Die erste Salve in diesem Krieg wurde 1971 auf sie abgefeuert. Ihr Mann, Jimmy, hielt seine verängstigte sechs Jahre alte Tochter Jill in den Armen fest, als der Arzt ihr die lange Nadel in den unteren Teil der Hüfte stach, um ein wenig von dem kostbaren Knochenmark zu entnehmen.

Seine Diagnose lautete: akute lymphozytische Leukämie. Sie schleppten sich nach Haus mit ihrem Geheimnis und fragten sich, was die Zukunft ihnen wohl bescheren mochte. Aber Stow ist nur ein kleines Nest, und die Einwohner sammelten Geld. Es kamen auf einem Sparbuch, das man ihnen überreichte, zweitausend Dollar zusammen. Und außer dem Sparbuch gaben die Leute ihnen eine Broschüre über Disney World. Sie wollten, daß die Bakuns noch einmal einen schönen Tag verlebten.

Inmitten der herumwirbelnden Kaffeetassen und tanzenden Bären von Disney World versuchten die Bakuns sich auf das vorzubereiten, was auf sie zukam. Sandra schrieb es auf: »Die Kinder waren entzückt von der verzauberten Welt und dem ganzen Wirbel dort. Es war genau das richtige. Nicht um unsere Situation zu vergessen, sondern um die schönen Momente des Lebens auszukosten. Dort entschieden sich mein Mann und ich, daß das Leben jeden Einsatz wert ist, dort fanden wir die Kraft, die wir brauchten, um bestehen zu können in dem, was vor uns lag.«

Aber Disney World ist ein Phantasiegebilde. Wenn die Lichter ausgehen und die Karussells und Schaubühnen zumachen und in den wunderbaren Kostümen keine Körper mehr stecken, die sie zum Leben erwecken, ist der Zauber verflogen. Für die Bakuns bedeutete Abenteuerland nun: Suche nach Normalität; ihr Grenzland war jetzt: eine neue Behandlung für Jill und ihr Phantasieland: ein Tag, an dem man nicht an Krebs dachte. Und das Zukunftsland war bestenfalls: Ungewißheit und Zweifel.

Ihre Ehe, die so gut geklappt hatte, weil sie so verschieden waren, Jimmy lustig und leichtsinnig, Sandra dagegen eher ernst, schickte sie nun in entgegengesetzte Lager. »Ich dachte: Man rettet sich einfach dadurch, daß man verschiedene Wege geht«, erinnert sich Sandra.

Sandra aß und trank und dachte nur eins: Krebs, Krebs, Krebs, jeden Tag ihres Lebens, wie sie mir berichtet. Sie stellte sich vor: Wenn sie sich mit allen Kenntnissen bewaffnete, die sie zusammenraffen konnte, würde sie die Krankheit besiegen. Ärzte sagen, es sei nicht ungewöhnlich, daß Mütter die Krankheit ihres Kindes mit ihm teilen, indem sie sie sich aneignen.

Sie wurde bei den Candlelighters aktiv, einer Selbsthilfegruppe, in der sich Familien zusammengefunden haben, die vom Krebs betroffen sind. Sie untersuchte eine Schutthalde nah bei ihrem Haus, von der es hieß, daß dort giftige Abfälle abgeladen worden seien. Es wurden aber keine gefunden. Sie ließ ihre hauseigene Wasserquelle testen. Sie verbrachte Tage in der Bibliothek, um alles über diese Krankheit herauszubekommen, und schrieb auf, was sie nicht verstand, um mit dem Arzt darüber zu diskutieren.

Als ihrer Tochter die Haare ausfielen und sie eine Perücke trug, trug Sandra auch eine. Sie führte ein Tagebuch über die Krankheit. Schließlich arbeitete sie zwei Tage in der Woche als Hilfskrankenschwester, weil sie bei Jill sein wollte. Sie richtete einen großen Teil ihrer Wut gegen ihren Mann, weil sie das Gefühl hatte, daß er ihr nicht beistand. Sie kam sich alleingelassen und einsam vor. »Jimmy sagte, sein Glaube sei so stark, er wüßte einfach, daß Jill es schaffen würde, aber das gab mir nur das Gefühl, daß mein Glaube nicht stark genug war und daß ich ganz von der Wissenschaft abhängig war.«

Jimmy behandelte das Problem auf seine Weise. Er hatte nichts dagegen, daß Sandra eine Menge Gruppentreffen, Vorträge und dergleichen besuchte. »Er hat sich niemals beklagt, wenn sein Abendessen nicht rechtzeitig fertig war«, sagte sie. »Er wandte sich dann seinen Hobbys zu. Er dachte, der Krebs wäre meines. Es entwickelte sich bei mir zu einer Obsession.«

Einige Monate, nachdem man bei Jill Krebs festgestellt hatte, mußte Jimmy mit Brustschmerzen ins Krankenhaus, man nahm an, daß die Schmerzen vom Streß kamen. Die Arztbesuche, wenn er Jill festhielt, während ihr Knochenmark behandelt wurde, dazu der Verlust seines Jobs aufgrund einer neuen Technologie – das alles forderte seinen Tribut.

Nach sechs Jahren Remission traf ein neuer Schlag die Familie. Der Krebs machte sich wieder bemerkbar. Jill erlitt einen Rückfall, und die Behandlung mußte wieder aufgenommen werden – noch einmal alles von Anfang an.

An jenem Tag, auf dem Heimweg von Boston, verwandelte sich Sandra aus einer Frau, die sich »wie der letzte Idiot« vorkam, weil sie nicht wagte, dem Arzt eine Frage zu stellen, in eine aufgeweckte und selbstbewußte Person, die später vor der gesetzgebenden Versammlung von Massachusetts als Zeugin gegen die Freigabe von Laetril aussagen sollte.

Aus einer schüchternen Kleinstädterin, die es früher nie gewagt hatte, mit dem Auto nach Boston hineinzufahren, weil sie vor dem Verkehr Angst hatte, wurde eine unerschrockene Frau, die log, um einen Job zu bekommen, bei dem sie mit einem Diktiergerät umgehen sollte, und die, als man sie aufforderte, es zu bedienen, ohne mit der Wimper zu zucken erklärte: »Ich habe vergessen, wie man es einschaltet.«

»Ich war immer ein ernsthafter Mensch«, gibt Sandra zu. »Und ich sage jedem, den es interessiert, daß ich aus dem Gleichgewicht geraten bin, weil es stimmt. Ich bin mitten hindurchgegangen, und die Krankheit meiner Tochter hat mich aufgezehrt.

Jean, meine ältere Tochter, hat mir gesagt, daß sie sich vernachlässigt vorkam, und ich leide wirklich darunter. Und Julie kam manchmal zu mir und sagte: ›Ich habe mir das Knie aufgeschlagen!‹ Und ich glaube, ich habe mich nicht genug um sie gekümmert. Ich habe es als Bagatelle abgetan und nicht begriffen, was ich tat. Denn wenn man mit Leukämie zu tun hat, ist alles andere einfach unbedeutend.

Mononukleose (eine Virusinfektion von Leber, Milz und Lymphknoten mit Schwellungen) ist unbedeutend. Aber ich glaube, ich habe Jean, meiner älteren Tochter gesagt, wenn das alles noch einmal geschähe, würde ich wohl nicht anders handeln können, ich hätte mein Bestes getan und hielte mich für eine gute Mutter, und es täte mir leid, wenn ich etwas falsch gemacht hätte. Sie muß mir deshalb verzeihen. Sie muß mir verzeihen, weil ich mein Bestes getan habe.«

»Heute«, sagt Sandra und lächelt, »bin ich viel sanfter und gereifter. Ich schätze das Leben so hoch ein, jedes kleine Bißchen. Ich bin in der Zielgeraden angekommen.« Sie lacht.

»Kennen Sie das Buch *Neue Wege wagen* von Gail Sheehy? Ich habe die Kapitel, die von den Zwanzig- und Dreißigjährigen handeln, überschlagen. Heute, mit sechsundvierzig, bin ich in der Phase des Lebens, in der man sich keine Sorgen mehr darüber macht, was andere von einem denken. Ich bin ich! Es ist die Zeit, in der man begreift: Wenn du es jetzt nicht tust, dann wirst du es nie tun. Also gehe ich aus, und wenn mir ein Kleid gefällt, dann kaufe ich es mir. Ich habe immer ein schlechtes Gewissen und Schuldgefühle gehabt ... Warte, das kannst du dir nicht leisten. Guck dir doch mal den Preis an. Ich habe immer nur nach den billigen Gelegenheiten gesucht. Ich tue das immer noch, aber ich kaufe mir so etwas heute nur noch, wenn es mir gefällt. Ich habe mich verändert. Mein Leben besteht nicht mehr nur aus den Kindern. Wenn mein Sohn mit einem Berg schmutziger Wäsche aus dem College nach Haus kommt, sage ich ihm: ›Na, dann wasch das mal durch. Ich zeige dir, wie die Maschine funktioniert.‹«

Zum erstenmal seit Jahren erlaubt sich Sandra den Luxus, eine Zukunft zu haben. Sie stellt sich vor, daß sie ›den großen amerikanischen Roman schreiben‹ wird. Sie plant, sich mit den Problemen der überlebenden Krebspatienten zu beschäftigen, die unter Job-Diskriminierung und Versicherungsbenachteiligungen leiden.

Von Sandra stammt der Satz: »Wenn die Quantität des Lebens gesichert erscheint, wird die Qualität zum wichtigsten Problem.« Sie testet gerade diese Theorie.

Zur Zeit befinden sich sozusagen alle Bakuns in einer Phase der Remission und sind im Leben vorangekommen. Jill ist inzwischen Kindergärtnerin und arbeitet mit Krebskranken. Sie ist dreiundzwanzig Jahre alt.

Wenn man hier von der Familie Bakun liest, kann man sich in ihre Situation versetzen und überlegen, wie man selbst damit umgehen würde. Wie man sich um den Küchentisch setzt und einen Familienrat einberuft, »um einander seine Gefühle mitzuteilen und zu erfahren, was uns miteinander verbindet«. (So machen es im Fernsehen ja auch Donna Reed und ihr Mann, Dr. Stone, und vielleicht könnte Madonna in einer Gastrolle als Sozialarbeiterin auftreten.) All das Verheerende, das in Ihr Leben hereingebrochen ist, würde dann fein säuberlich, den Prioritäten entsprechend, geordnet und innerhalb von vierundzwanzig Minuten gelöst werden, während für die Werbung, die diese Sendung finanziert, immer noch sechs Minuten übrig blieben.

Aber das ist hier keine Unterhaltungssendung im Fernsehen, das hier ist das wirkliche Leben. »Es ist das Damokles-Syndrom, das Schwert, das über deinem Kopf hängt«, sagt Sandra. »Trotzdem machst du weiter.«

Es war spät geworden. Sandra mußte an dem Abend noch einen weiten Weg zurück nach Stow fahren. Als wollte sie nach alledem einen lustigen Schlußpunkt setzen, blieb sie an der Tür stehen, lachte mich an und sagte: »Wissen Sie, es macht mir nicht einmal mehr etwas aus, daß ich so lang bin.«

Wozu sind Väter da?

»Es ist schwerer, wenn man von zu Hause fort ist und arbeiten muß. Man spürt eine solche Wut in sich.«

Bill Warbington, Portland,
Vater der krebskranken Erin

Väter kehren von der Arbeit heim, knipsen ein paar Lampen aus, lesen die Zeitung, essen zu Abend, kraulen den Hund hinter den Ohren und gehen zu Bett. Wenn eine Abrißbirne wie der Krebs eine Familie trifft, geht ihre Arbeit weiter: It's business as usual.

»Ich bin Handelsvertreter und mit dem Auto unterwegs, immer die Schnellstraße entlang, und dann fahre ich an den Straßenrand und brülle und schreie mir fünfundvierzig Minuten lang die Seele aus dem Leib, oder ich spreche gerade mit einem Kunden, und plötzlich renne ich einfach weg und lasse ihn stehen und steige in den Wagen und fahre los.«

Väter gehen durchs Leben, als wären ihre Körper vollgepumpt mit Novokain – so jedenfalls sieht man sie. Väter sind cool. Sie müssen eine gewisse Würde und Distanz wahren – ganz gleich, was geschieht.

»Mein Dad hat eine Reise nach Orlando, Florida, für mich gewonnen, als er an einem Jell-O Gelatin Jump teilgenommen hat. Er mußte in 1500 Liter Erdbeergelee springen. Ich hätte nie gedacht, daß mein Dad das tun würde.«

Väter sind auch mit einer Stärke und ›Objektivität‹ gesegnet, die es ihnen erlaubt, schwere Situationen durchzustehen und nicht zusammenzuklappen.

Als Ken beschloß, die Verantwortung mit seiner Frau gemeinsam zu tragen, begleitete er seine Tochter, Mary Beth, zu ihrer Rückenmarkpunktion. Als Mary Beth stöhnte, wurde Ken weiß wie die Wand und fiel in Ohnmacht.

Man sieht daran, daß Väter genauso verletzlich, genauso besorgt, genauso erschüttert und genauso verzweifelt wie ihre Frauen sind, wenn der Krebs ihre Kinder getroffen hat.

Aber die Männer sind eine schwer zu erfassende Spezies. Die Gefühlsausbrüche, die ich in meinem Hefter sammeln wollte, der die Aufschrift *Dads* trägt, sind niemals bei mir eingetroffen. Als ich den weißen Umschlag öffnete, sah er aus wie der, auf den unser Sohn »Einkommensteuer-Unterlagen« geschrieben hatte – es lag kein Fitzelchen Papier darin.

Bei meinen Nachforschungen spielten Väter die Rolle ganz seltener Vögel. »Stimmt es, daß du vorige Woche einen Vater entdeckt hast, komplett mit Anzug und Weste? Spricht er?« – »Sie hatten einen richtigen Vater im Camp und haben mich nicht sofort angerufen?« – »Ich weiß, daß es da draußen Tausende Exemplare der Spezies Vater gibt, aber wie kommt man mit diesen so überaus scheuen Lebewesen in Kontakt?«

Im Juni 1988 wurden drei Väter in Portland, Oregon, entdeckt. Alle drei hatten Töchter mit Krebs. Die Väter hatten sich auf Veranstaltungen der Candlelighters kennengelernt und angefreundet. Ich flog nach Portland, wo wir zusammen Rippchen aßen und das Tonband laufen ließen. Sie hatten alle drei lange genug mit dem Krebs gelebt, daß sie darüber sprechen konnten.

Ihre Perspektive war nicht die gleiche wie die der Mütter.

Väter sind schon immer diejenigen gewesen, die im Regen den Wagen parken, die das Familienphoto knipsen, die den jaulenden Hund beruhigen und die in den Keller hinuntergehen, um nachzusehen, woher die eigenartigen Geräusche kommen. Ihre Aufgabe ist es, dafür zu sorgen, daß der Betrieb läuft. Wenn ein Kind krebskrank wird, spielen sie eine ähnliche Rolle. Sie müssen dafür sorgen, »daß der Laden weiterläuft«: jeden Tag zur Arbeit gehen und sich fragen, was zu Haus geschieht, während sie fort sind.

Bill Warbington, Handelsvertreter der Industrial Rubber and Supply Company, dessen Tochter Erin 1985 im Alter von acht Jahren wegen eines Ewing-Sarkoms ihr Bein verlor, sagte: »Manchmal dachte ich, es wäre viel leichter, wenn ich Jane arbeiten schicken und selbst zu Haus bleiben könnte. Es ist schwerer, wenn man fort ist und arbeiten muß. Man spürt eine solche Wut in sich. Es geht etwas mit deiner Familie vor, und du kannst nichts dagegen tun. Wenn da ein Kerl von gegenüber dein Töchterchen schikaniert, dann kannst du ihm die Gurgel rausreißen, aber hier kannst du überhaupt nichts tun. Willst du vor den Augen deines Kindes in Tränen ausbrechen? Nein. Sehen Sie, so ist das. Wenn du aufwächst, lernst du die Nerven behalten, eisern bleiben. Als kleiner Junge in der High School oder später im College, wenn du einen Fehler machst und dein Trainer steht da und brüllt dich an – was passiert, wenn du da die Nerven verlierst und losheulst?

Oder wenn du beim Militär bist und der Feldwebel staucht dich zusammen, oder der Leutnant fällt über dich her. Fängst du dann an zu weinen? Das kannst du nicht.

Jedem Mann wird beigebracht: Wenn man dir körperlich oder seelisch weh tut, oder wenn dir jemand etwas wegnimmt, wenn etwas geschieht, gegen das du nichts tun kannst, dann stellst du dich nicht hin und vergießt Tränen. Ein Mann tut so etwas einfach nicht.«

Sein Freund Ken Raddle, Vizedirektor der Verkaufsabteilung von Young American in Portland, ist der Vater von Mary Beth, bei der man 1984, als sie elf Jahre alt war, eine akute lymphozytische Leukämie festgestellt hat.

»Die armen Mütter stecken die Schläge ein und werden zu Brei zerstampft, und es ist wirklich schwer, eine Mutter zu sein. Viel schwerer als für einen Vater, denn ich bin nur derjenige, der nach der Arbeit heimkommt und sich die Geschichte anhört, daß Mary Beth ihr Zeugs nicht schnell genug kriegt oder die richtige Decke, wenn ihr zu heiß ist oder zu kalt.«

Der dritte im Bunde ist Bob Kreinberg, Kundendienstleiter und Distriktdirektor von Nike. Bei seiner Tochter Sarah fand man 1979, als sie fünfzehn Monate alt war, einen Gehirntumor. »Als Penny (seine Frau) und ich ins Peace Corps (Entwicklungshilfe) gingen, sagte der Pfarrer, der uns getraut hatte: ›Von diesem Auslandshilfsdienst heißt es, er bringe die Ehepartner entweder näher zusammen oder aber ganz auseinander. Weil ihr so völlig von der Heimat abgeschnitten seid, seid ihr gezwungen, euch intensiv miteinander zu beschäftigen.‹ Beim Krebs ist es ebenso, nur noch ungefähr zwanzigmal stärker. Weil du keine andere Wahl hast. Wir haben uns dadurch ziemlich gut kennengelernt.«

Als ich so dasaß und zuhörte, wie die Gefühle dieser drei Väter hervorbrachen – dem Inhalt eines Stausees gleich, dessen Schleusen geöffnet werden –, kamen sie mir gar nicht mehr so rätselhaft vor. Aber dann fiel mir ein kleines Mädchen ein, das mir von einer Erinnerung erzählt hatte, die sich ihr tief eingeprägt hatte: »Einmal«, sagte sie mit einem Lächeln, »als ich sehr krank war, brachte mir Dad etwas zu essen, und als ich es nicht essen konnte, hat mein Dad geweint. Ich hatte ihn noch nie weinen sehen.«

Und dann war da der kleine Junge, der mir erzählte, wie er im Krankenhaus den Korridor entlanggerast war, während sein Vater neben ihm herrannte und das Infusionsgerät zog. Er fügte hinzu: »Wir haben nie vorher so einen Spaß gehabt.«

Und da war jene Mutter, die sich bitter beklagte: »Mein Mann stritt irgendwie alles ab – wollte einfach nichts davon wissen. Er wollte, daß es wieder wegging. Das ist so ein männlicher Charakterzug. Sie denken, alles wird am Ende gut, weil sie wollen, daß es am Ende gut wird. Er sagte mir, er brauche keine Selbsthilfegruppe. Was meinen Sie wohl, wie das auf mich gewirkt hat!«

Und eine andere Frau erklärte: »Mein Mann wollte alles ganz genau wissen, intellektuell kapieren, und ich bin sicher, daß das seine Methode war, sich vor dem Schmerz zu schützen. Diese typische Haltung: ›Ich bin derjenige, der für alles verantwortlich ist. Ich stelle hier die Fragen. Ich werde nicht zusammenbrechen.‹ Aber ich habe es sehr oft bedauert, daß er so war, und habe das nicht gut gefunden.«

Väter führen vielleicht nicht Tagebuch über die Krankheit ihres Kindes. Sie reden vielleicht nicht einmal darüber. Viele sind nicht bereit, sich mit anderen Vätern zusammenzusetzen. Aber man braucht ihnen nur zuzuhören und ihren Schmerz und ihre Hilflosigkeit mit ihnen zu teilen, um zu begreifen, daß sie nicht so gut isoliert und abgeschirmt von dem Problem sind, wie viele Leute denken.

»Ich habe gelernt, daß es anmaßend ist zu glauben, daß wir ewig leben werden«, sagte Ken. »Alles ist wertvoll. Mary Beth ist ein kostbares Geschenk und eine Bereicherung für die Familie genau wie unsere anderen Kinder. Sie *gehören* uns eigentlich nicht, und der Gedanke, daß sie immer bei uns bleiben und uns überleben werden, ist anmaßend. Und trotzdem erwische ich mich dabei, daß ich zu Sharon sage: ›Mein Gott, Mary Beth wird eines Tages heiraten, und ich werde sie auf der Hochzeitsreise begleiten und abends mit ihr das Nachtgebet sprechen.‹«

Es war Abend geworden, als wir uns in Kens Wohnzimmer setzten, um unser Gespräch fortzuführen. Das Wort mit dem großen Buchstaben G war noch nicht gefallen. Allmählich wurde es Zeit. »Wie sieht es mit dem Geld aus, das so eine Behandlung kostet?« fragte ich.

Sie sahen einander an mit einem Blick, in dem ich die Frage las: »Wer soll es ihr sagen?« Das war *ihr* Job in diesem Krieg, und die Schwere dieses Jobs entsprach der Schwere dieses Krieges. Das Geld zu verdienen, um für eine katastrophale Krankheit zu zahlen, war eine Belastung, die alle drei wie einen schlechten Anzug trugen. Bob wagte den Sprung hinein. »Die Sache ist die: Familien, die vom Krebs betroffen sind, müssen ungefähr ein Viertel ihres Einkommens dafür aufwenden. Ich habe eine ganz gute Versicherung. Ich bin gegen eine Menge Risiken geschützt, aber dann gibt es noch eine Menge Ausgaben, die meine Versicherung nicht zahlt. Außerdem entstehen auch noch sehr viele Kosten dadurch, daß man die Krankheit zu kompensieren sucht. Man lädt die Kinder ein, unternimmt Reisen. Wir sind nach Disneyland gefahren. Das wird ziemlich teuer, wenn man zu fünft ist. Da waren die Reisekosten. Und Kosten hat man auch, wenn die anderen Kinder außer Haus sind... da kommt allerhand zusammen. In vielen Fällen, wenn die Familien auseinandergerissen werden, entsteht ein solcher ökonomischer Druck, daß man nicht mehr weiß, wie es weitergehen soll.«

Er machte eine Pause und streckte hilflos die Hände aus, als ob er nicht wüßte, wie er es ausdrücken sollte. »Man hat uns fünf Prozent Chancen gegeben, daß unsere Tochter durchkommen würde. Wir hatten keine andere Wahl.«

»Ich habe gesagt: Zum Teufel damit!« unterbrach ihn Bill. »Wir fangen einfach an und tun das, was für uns alle wichtig ist, solange wir noch da sind. Janet hat durchschnittlich zehn Stunden in der Woche darangesetzt zu verhindern, daß die Versicherung uns übers Ohr haute, sie wollten die Kosten nicht mehr übernehmen. Wenigstens zehn Stunden in der Woche! Sie haben die Amputation zu hundert Prozent bezahlt, aber was danach kam, war nicht mehr voll gedeckt. Sie nehmen dir das Bein ab, und dann sagen sie: ›Das Bein ist ab, mach dir darüber keine Sorgen. Du wirst trotzdem groß werden.‹ Ich dachte bei mir: Ich werde sowieso nie genug Geld verdienen, daß ich das alles bezahlen kann. Was wollen sie also machen? Sie können mir nicht dasselbe zweimal wegnehmen. Wir fangen jetzt an, das zu tun, was für uns wichtig ist.«

Ken nickte kräftig. »Zwei Jahre vor Mary Beths Diagnose hatten wir einen persönlichen Bankrott durchzustehen. Der Streß in unserer Beziehung war damals fast noch größer als dann später beim Krebs. Sharon hatte fast einen Vollzeitjob und mußte dauernd von der Arbeit weg, mußte sich viele Tage frei nehmen, und dazu dann noch der finanzielle Streß. Wir haben alles Geld aufgebraucht, das wir für unsere ältere Tochter gespart hatten, damit sie ein College besuchen könnte. Wir haben einfach alles aufgebracht, was wir hatten.«

Unter normalen Umständen wären diese drei Männer einander wahrscheinlich niemals begegnet. Ihre Gemeinsamkeit bestand darin, daß drei kleine Mädchen um ihr Leben kämpften und jede Hilfe brauchten, die sie bekommen konnten. Die Männer sprachen über einen anderen Vater, den sie zu einer Zusammenkunft der Candlelighters eingeladen hatten.

»Der, der sich weigerte, aus dem Wagen auszusteigen, und der verlangte, daß man ihm etwas zu essen bringt?« fragte Bill.

»Ja, der«, sagte Bob. »Ich glaube, er dachte, wir säßen nur den ganzen Abend herum und sprächen über Krebs.«

»Ich hab ihnen gesagt, sie sollten ihm das Essen hinausbringen«, sagte Ken. »Er brauchte Zeit. Er wird schon kommen, wenn er soweit ist.«

Auf dem Flug nach Haus dachte ich nicht nur an die Mütter und Väter, mit denen ich gesprochen hatte, sondern auch an die Gefühle, die in den manchmal von Tränen begleiteten Worten und Sätzen und kleinen Zeichnungen und Lobeshymnen und Bildern zum Ausdruck kamen.

Ich dachte an die Mutter, die gesagt hatte: »Mark hat zwar nicht die eine Sport-Trophäe bekommen, aber er hat eine Mut-Trophäe erhalten, weil er so tapfer war. Er hat kein Examen magna cum laude in Harvard abgelegt, aber er hat die erste Klasse beendet. Er ist kein in ganz Amerika berühmter Eagle-Scout-Held (Pfadfinderführer) geworden, aber zehn Monate lang war er im Tiger Club für krebs-kranke Kinder. Krebs ist traurig, aber es ist nicht das Ende der Welt. Ich finde, daß ich Mark sehr viel verdanke.«

Ich dachte an die Mutter, die ihr Leben so knapp in we-nigen Sätzen zusammenfaßte: »Die meisten Eltern werden Ihnen erzählen, was für ein besonderer Abschnitt diese Zeit mit den Kindern für sie gewesen ist. Wir haben am Rande des Abgrunds gelebt: Erbrechen, gefährlich niedrige Zahlen weißer Blutkörperchen, wir haben alle das Schlacht-feld kennengelernt, aber auch die Schützengräben – Ge-schenke von der Apotheke, Nächte voller Kichern, in de-nen wir einander Witze erzählten, bis wir vor Lachen keine Luft mehr bekamen, die Erfahrung größter Liebe und größ-ter Wut, Gebete an einen Gott, den wir kaum kannten, aber auf den wir zählten. So ... geht das Leben weiter. Ich glaube, diese krebskranken Kinder geben uns ein unglaub-liches Gottvertrauen – wenn wir sie lassen.«

In fast allen Fällen hatte es einige positive Veränderun-gen im Leben jener Menschen gegeben, zu denen diese Kinder gehörten.

Was sind Kinder eigentlich wirklich? Sind sie etwas, das an die Eltern ausgegeben wird wie eine Altersfürsorge, in die man investiert, um Dividenden einzustreichen? Sind sie eine Knetmasse, die wir nach unserem eigenen Bilde for-men – und die man wegwirft, wenn einem nicht gefällt, was man geschaffen hat? Oder sind sie Lebensversiche-rungspolicen, die man sich zulegt, damit man im Alter je-manden hat, der sich um einen kümmert? (Meine Kinder meinten immer, ich wollte eigene Haussklaven.) Sie sind nichts von alldem. Kinder werden verliehen, zuerkannt, zugeteilt oder gewährt für eine unbestimmte Zeit, über deren Länge wir nicht entscheiden. Es gibt keine Garantie, daß man körperlich ganz gesunde Kinder bekommt oder daß sie einen überleben werden.

Was diese Mütter und Väter sagten, war: Diese Kinder hatten etwas Besonderes an sich, das sie um keinen Preis der Welt hätten missen mögen. Wirklich traurig wäre es gewesen, wenn diese Kinder niemals existiert hätten.

Wozu sind Freunde da?

»Werde gesund, David, wir mögen dich alle gern,
bis auf einen.«

Brief an David, einen Krebspatienten aus Portage, Michigan,
von einem Mitschüler

Jeder weiß, was ein bester Freund ist.

Ein bester Freund – oder eine beste Freundin – fängt nie eine Schlankheitskur an, wenn du dick bist.

Er/sie läßt dich als erste(n) an seinem/ihrem Eis lecken.

Er/sie tut so, als wüßte er/sie die Antwort auch nicht, wenn du nichts gelernt hast.

Wenn ihr zusammen zum Klassenball geht und er/sie bekommt ein besseres Angebot, geht er/sie trotzdem mit dir weg.

Wenn du krank bist und nicht zum Michael-Jackson-Konzert gehen kannst, macht ihm/ihr der Konzertbesuch auch keinen Spaß.

Ich habe seit über vierzig Jahren so eine Freundin.

Als ich ihr erzählte, daß mein Mann mir zu unserem Hochzeitstag zwei Winterreifen geschenkt hat, sagte sie nicht: »Du solltest froh sein, daß er daran gedacht hat.«

Als ich schwanger war und mein Bauch sich wie ein Ballon anfühlte, sagte sie nicht: »Ach weißt du, schwangere Frauen strahlen so von innen heraus.«

Als ich eine Fehlgeburt hatte und alle anderen sagten: »Reg dich nicht auf, du kannst doch noch eine Menge Kinder bekommen«, weinte sie mit mir zusammen um das Kind, das ich verloren hatte.

Als ich dreitausend Kilometer weit fortzog, hat sie mir nie vorgeworfen, was ich ihr damit antat.

Als ihre Mutter starb, habe ich nicht einfach zu ihr gesagt: »Sie hat ja ein reiches, erfülltes Leben gehabt und war schon über siebzig.«

Als bei den Wahlen ihr Kandidat verlor und meiner gewann, habe ich nicht gesagt: »Ha, ha, ich habe es dir ja gesagt.«

Wenn wir uns trafen, brauchte nie eine von uns zu sagen: »Ich bin froh, dich zu sehen.«

Vor ein paar Jahren hat meine beste Freundin ihr jüngstes Kind verloren, ihren Sohn. Er war Mitte zwanzig. Ich habe sie reden lassen und ihr zugehört. Ich habe mit ihr zusammen geweint. Ich habe dabei einen Schmerz empfunden, von dem ich nie dachte, daß ich ihn empfinden könnte. Aber ich habe nie zu ihr gesagt: »Ich weiß, was du empfindest.«

Als ich von seinem Tod erfuhr, wollte ich sie weder anrufen noch ihr begegnen. Obwohl wir einander vierzig Jahre lang so nahe gewesen waren, wußte ich nicht, was ich sagen oder tun oder wie ich mich verhalten sollte. Ich fühlte eine Fremdheit – als ob ich sie nicht mehr kannte. Meine ersten Worte, die ich ihr sagte, waren: »Was kann ich tun?« Ihre Augen waren voll Tränen und sie sagte: »Sei meine Freundin.«

Ich nickte, als wüßte ich, was das bedeutete, aber später dachte ich: »Wie soll ich das anstellen?«

Was *wollen* Menschen, die krank sind, und ihre Familienangehörigen – was *wollen* sie von ihren Freunden? Ich habe Hunderte von Briefen gelesen von Familien, in deren Leben der Krebs eingetreten war, und ich kann Ihnen sagen, was sie nicht wollen. Sie wollen nicht Ihr Mitleid. Nein danke, ihren Bedarf an Mitleid können sie selbst produzieren.

Dasselbe gilt für Ihre Ängste/Befürchtungen, Unheil androhenden Vorhersagen und bösen Ahnungen. Ihr Material reicht aus, um Stephen King für die nächsten zwanzig Jahre mit Horrorstories versorgen zu können.

Sie wollen keine Kandidaten für irgendwelche Heiligsprechungen sein. Auf ihnen lastet schon genug Druck, auch ohne daß man ihnen die Etiketts ›tapfer‹, ›einmalig‹ und ›wenn man sich einmal überlegt, was ihr durchmachen müßt‹ anheftet.

Sie *wollen nicht* allein gelassen werden, um ihre Situation zu bewältigen. Ihr Wunsch, mit anderen Menschen zusammenzusein, war noch nie größer als in diesem Augenblick.

Eine der einzigartigen Geschichten, die ich über das Thema Freundschaft gehört habe, handelt von einem Krebspatienten in Milwaukee, der nach einem Krankheitsanfall und einer Chemotherapie nach Haus zurückkam. Er hatte Angst davor, wie seine Freunde und Nachbarn auf seine Kahlköpfigkeit reagieren würden.

Als er heimkam, war das Haus voll: Fünfzig Verwandte und Freunde erwarteten ihn. Sie hatten sich alle den Kopf kahlrasiert, damit er sich nicht so allein vorkäme.

Ein anderes Ereignis dieser Art erzählte mir eine junge Camp-Beraterin, die sich mit zwei ganz kleinen Jungen, die ihre Mom vermißten und Angst vor den nächtlichen Geräuschen hatten, in der Wildnis befand. Sie schlug ihnen vor, sie sollten beide zu ihr in den Schlafsack krabbeln, wo sie sie an sich drückte und so von der Angst befreite. Gegen Morgen fühlte sich das Innere des Schlafsacks warm und ziemlich naß an. Wie die junge Frau darauf reagierte? »Ist das nicht großartig?« erklärte sie. »Sie fühlen sich so wohl und sicher bei mir, daß einer von ihnen sich nicht mal die Mühe gemacht hat hinauszukriechen, als er Pipi machen mußte.«

Natürlich braucht man sich nicht unbedingt den Kopf kahlzurasieren, um zu beweisen, daß man jemanden, der Krebs hat, unterstützt, aber es gibt ja auch noch andere Mittel und Wege.

Zum Beispiel kann man *ehrlich sein*. Krebskranke merken, daß es immer noch die unbegründete Angst gibt, daß Krebs ansteckend sei. Sagen Sie ihnen Ihre Meinung dazu, so daß Sie sich gemeinsam damit befassen können.

Eine junge Mutter berichtete, was in ihrer Familie geschah: »Die Großeltern ließen sich nicht mehr blicken. Ich war wütend und kam mir von ihnen im Stich gelassen vor und von all unseren Freunden, die gesunde Kinder hatten. Sie meinten, es täte uns weh, ihre Kinder zu sehen. Sie hatten Schuldgefühle – jawohl: ein schlechtes Gewissen, daß ihre Kinder nicht krebskrank waren! Ich merkte: Wenn ich nicht anfing, meine Angehörigen und Freunde über die Krankheit aufzuklären, würde ich sie alle verlieren.

Zuerst besorgte ich mir Broschüren und Hefte mit Informationen und schickte sie an alle, die ich kannte. Nachdem das Eis gebrochen war und sie erkannten, worum es ging, kamen sie vorbei und unterstützten mich. Ich glaube, die Leute wissen einfach nicht, wie sie reagieren sollen, wenn sich bestimmte Tragödien ereignen. Und darum tun sie gar nichts, aus Angst, etwas Falsches zu machen.

Fortsetzung auf Seite 145

Zu den Kinderzeichnungen

Die folgenden Kinderzeichnungen stammen von krebskranken Kindern in der Bundesrepublik und den USA. Mit
der besonderen Sprache ihrer Bilder äußern sie sich spon-
tan zu ihrer Lebenssituation. Manche der Bilder zeugen
von Mut und Überlebenswillen, andere wieder versuchen
nur, realistisch die besondere Lage zu beschreiben, in der
ein Kind sich befindet, wieder andere stellen die Schönhei-
ten des Lebens dar und sind damit Zeichen der Hoffnung,
das wichtigste Mittel, um den Kampf gegen diese Krankheit aufzunehmen.

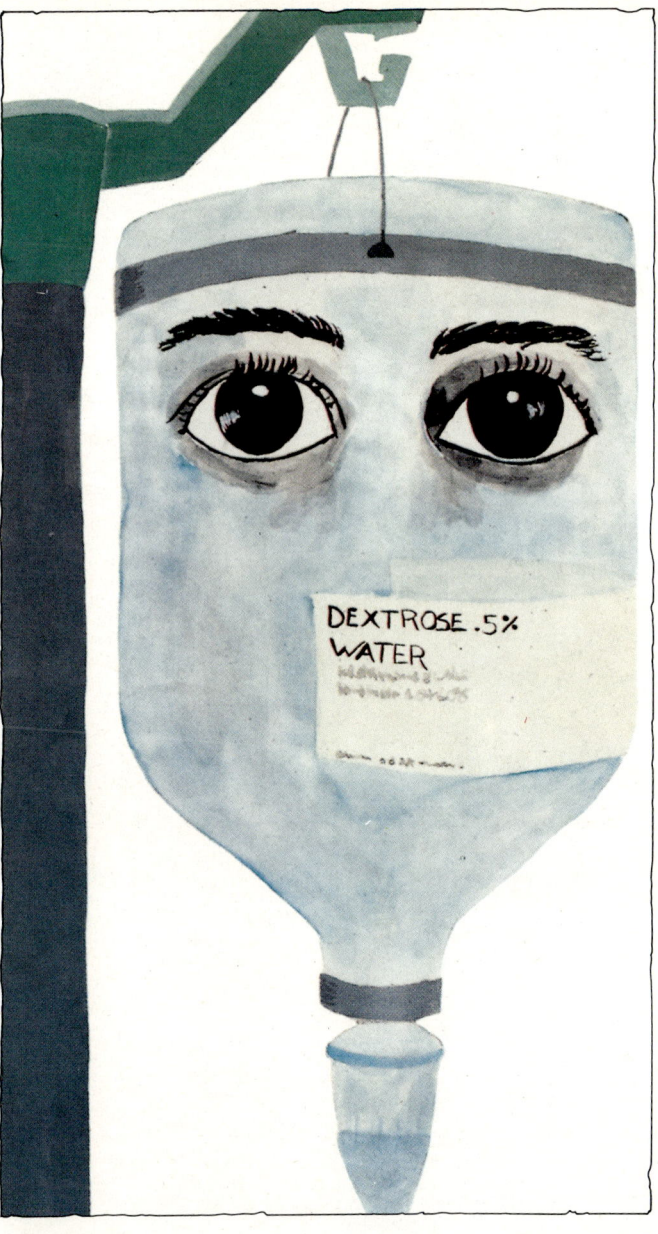

»Ich hasse diese Maschine«

Der Kampf der Zellen in der Blutbahn

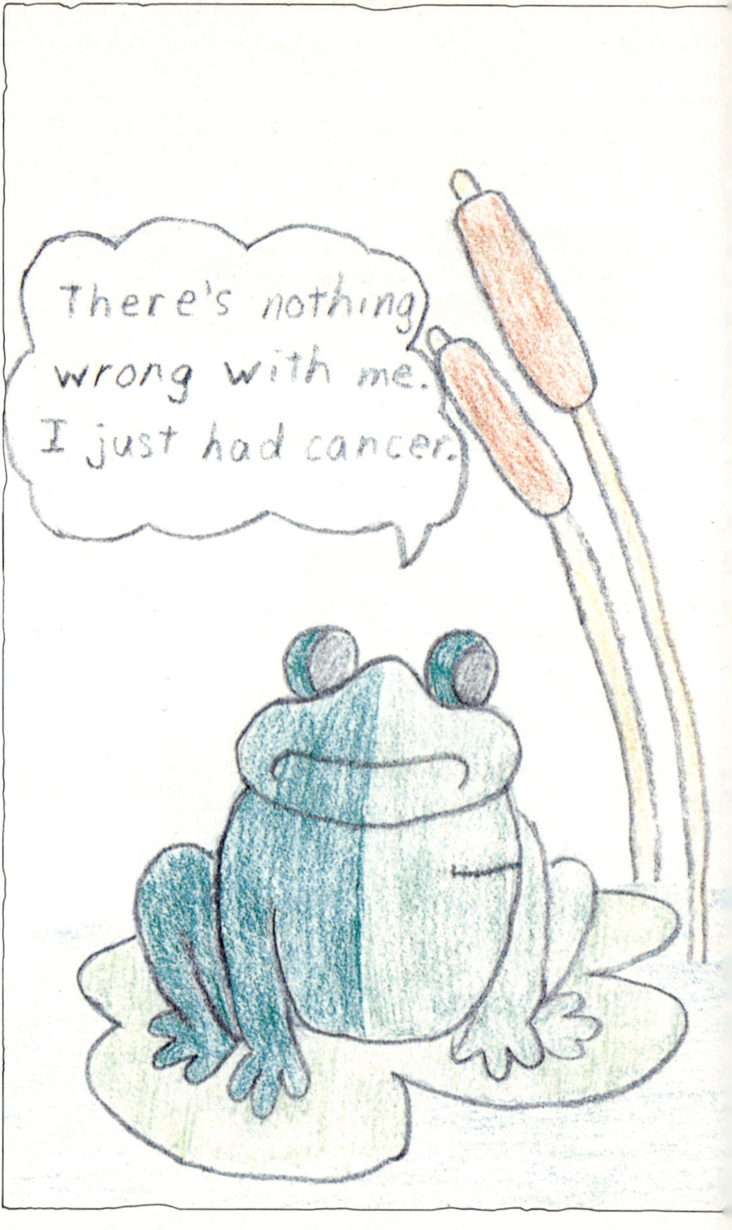
There's nothing wrong with me. I just had cancer.

»Mir fehlt nichts, ich hatte bloß Krebs«

»Auch morgen scheint die Sonne wieder«

Alle fragten sie: Wie geht es Travis? Ach, und ich wünschte mir immer«, fuhr sie fort, »daß sie auch mal fragten: Sharon, wie geht es dir? Ich glaube, eine einfache Geste ist so wichtig, zum Beispiel, daß man jemanden berührt. Mir hat es sehr viel bedeutet, wenn jemand die Hand auf meinen Rücken legte oder meine Hand mit seiner Hand berührte. Für mich bedeutete das: Keine Worte können ausdrücken, was ich empfinde, aber ich fühle mit dir. Und die Berührung war alles, was ich von ihnen brauchte. Keine Glückwunschkarte könnte mir so viel bedeuten.«

Kinder sind besonders hilflos gegenüber jemandem, der ein bißchen anders aussieht. Sie haben es noch nie mit etwas so Ernstem zu tun gehabt. Sie reagieren manchmal recht grausam. Ein junges Mädchen zog es vor, den Leuten zu erklären, ihr Humpeln sei die Folge eines Skiunfalls, statt zuzugeben, daß es durch ihre Chemotherapie verursacht worden war.

Ich habe eine Weile gebraucht. Aber schließlich verstand ich, was meine Freundin von mir wollte. Sie wollte einfach nur, daß ich da war. Daß ich da war, damit sie jemanden hatte, den sie ansehen konnte und der sie daran erinnerte, daß sie eines Tages auch wieder so werden würde. Ich stellte für sie das Leben dar, das sie selbst geführt hatte, bis der Tod ihres Sohnes es veränderte. Ich war das Lachen, zu dem sie fähig gewesen war, die Lebenslust, die sie ausgestrahlt, und der Glaube an die Zukunft, den sie gehabt hatte. Ich stellte jenen normalen Lebensweg dar, den sie wiederfinden mußte, aber sie brauchte einen Leuchtturm, der ihr den Weg dorthin anzeigte.

Das ist es, was krebskranke Kinder brauchen – eine Art Stabilität aus ihrem vorherigen Leben, die ihnen vor Augen schwebt wie eine Belohnung oder ein Preis am Ende des Weges, den sie gehen müssen. Sie möchten diesen Preis nur sehen. Sie möchten wissen, daß er da ist und daß sie wieder an ihn herankommen.

Ob es eine Berührung mit der Hand war, die die Mutter von Travis aus ihrer Depression herausholte, oder einfach nur ein Stück Thunfisch, das man ihr anbot, oder das Angebot, sie einmal als Babysitter bei ihren Mutterpflichten abzulösen, in jedem Fall ist es ein Ausdruck, der bedeutet: Laß mich dir helfen, deine Last zu tragen.

Für Heather aus Springfield, Virginia, die durch den Krebs ein Bein verloren hatte, war »was mir am meisten bedeutete und was mir half, alles zu überstehen, daß meine Freunde kamen und mich besuchten. Ich habe gemerkt, daß viele Leute nicht wissen, wie sie mit jemandem umgehen sollen, der anders ist als sie, dem es anders geht als ihnen. Sie werden nervös und entschuldigen sich und lächeln immerzu. Zuerst habe ich ihnen die Sache zu erleichtern versucht und gesagt, es wäre alles nicht so schlimm, aber nach so vielen Jahren und so vielem Angestarrtwerden nehme ich keine Rücksicht mehr und starre sie einfach genauso an, wie sie mich anstarren, so daß sie sich genauso mies fühlen wie ich. Es macht mir nichts mehr aus. Das ist mir jetzt gleich. Ich muß mein eigenes Leben führen und habe begriffen, daß ich mich nicht dauernd um andere Leute bemühen kann, damit sie mir gegenüber ein besseres Gefühl haben.

Ich habe so viele Karten und Briefe erhalten, die mir wirklich geholfen haben. Ein Brief war von Senator Edward M. Kennedy.«

Sie legte eine Kopie bei:

Liebe Heather,

es tut mir so sehr leid zu hören, daß Du Dich einer Operation unterziehen mußtest, die der meines eigenen Sohnes, Teddy, ähnlich war. Ich weiß, daß es jetzt eine sehr schwere Zeit ist für Dich und alle, die Dich lieben, und meine Gedanken und Gebete sind bei Dir.

Ich lege einen Artikel über Teddy bei in der Hoffnung, daß er Dir etwas Mut machen wird. Wie Du selbst sehen kannst, lebt Teddy ein normales, aktives und zufriedenes Leben – ein Leben, wie Du es mit der Zeit, dafür bete ich, auch führen wirst.

Ich möchte, daß Du immer daran denkst: So groß der Verlust eines Beins auch sein mag, verringert er nicht den Wert Deines Lebens oder seinen Wert für die, die Dich lieben. Mit Gottes Hilfe, dessen bin ich sicher, wirst Du ein sogar noch erfüllteres und sinnvolleres Leben führen, als Du es vielleicht geführt hättest, wenn Du noch Deine beiden Beine hättest.

Mit herzlichem Gruß
Edward M. Kennedy

Als ich die Kopie dieses Briefes überflog, fiel mir ein Photo wieder ein, das vor ein paar Jahren in der Zeitung erschienen war, ein Bild des jungen Teddy Kennedy, wie er irgendwo auf einem Skihang steht, und ich fragte mich, ob er wohl seinen Weg zurück in die Normalität gefunden hatte. War das der glatte *highway*, von dem er abgekommen war, oder war die Straße von Schlaglöchern der Diskriminierung, Umleitungen der Ignoranz und Baustellen der Gefühllosigkeit gekennzeichnet?

Ich nahm ein Flugzeug nach Boston, um es herauszufinden.

Gibt es ein Leben nach dem Krebs?

Man bringt den Leuten bei, daß wir perfekt aussehen sollten. Wir sehen alle Arten von Werbung im Fernsehen. Ich habe nicht gedacht, daß sich noch ein Mädchen auf der Welt für mich interessieren würde. Ich dachte: »Welches Mädchen wird mit einem Jungen mit einem Bein ausgehen wollen?«

Ted Kennedy Junior
Boston, Massachusetts

Er heißt jetzt Ted und sieht noch immer so aus, als ob er auf einen Skihang gehörte. Er ist sechsundzwanzig, er ist groß, braungebrannt und robust und bewohnt eine kleine Wohnung in einem Brownstone-Haus an einer von Bäumen bestandenen Straße in Boston. Sein richtiges Zuhause ist ein Segelboot im Hafen von Boston.

Es ist elf Uhr morgens, und er hat bis zehn geschlafen. Es ist nämlich der Tag nach der Wiederwahl seines Vaters in den US-Senat, und Ted hat die Kampagne für seinen Vater gemanagt.

Als der Sohn von Joan Kennedy und dem Senator von Massachusetts im November 1973 ein Bein durch Krebs verlor, teilte er das Schicksal vieler Kinder – von denen sich vierzig bis neunzig Prozent erholen, um ein nahezu normales Leben zu führen. Er hat einen Teil dieser Jahre damit verbracht, gegen die Diskriminierung der behinderten Menschen zu kämpfen.

In einer Gesellschaft, die in großem Umfang Rollenmodelle produziert, neigen die Überlebenden der Krankheit Krebs dazu, sich auf ein Leben in relativer Sicherheit und Bequemlichkeit zu beschränken. Sie zögern, in den Hauptstrom, in die richtige Welt zurückzukehren.

Der junge Mann da auf der Couch, der an seinem Tomatensaft nippt, ist eine Ausnahme. Er hat sich nicht mit der Nische zufriedengegeben, in die er sich als tapferes Kind (auf Krücken, wie auf dem Plakat der Krebshilfe) hätte zurückziehen können. »Ich komme aus einer Familie, die den Wettstreit und den Erfolg sehr hoch schätzt«, sagte er. »Nachdem ich mein Bein verloren hatte, stellte ich mich sehr schnell wieder auf die Ski, um nicht den Anschluß an die Familie zu verlieren. Ich fand es wichtig, mein Leben fortzusetzen und nicht in Selbstmitleid zu versacken.

Wir sind auch eine Familie, deren Mitglieder sehr aneinander hängen. Sie haben nie zugelassen, daß ich das Gefühl bekam, ich wäre anders als sie. Wenn ein Football-Spiel organisiert wurde, sagten sie immer: Los, komm raus! Und meine Cousins warfen den Football genauso hart auf mich wie auf alle anderen auch.

Glauben Sie mir«, sagt er und fährt sich mit der Hand durchs Haar, »ich habe es zu meinem Vorteil ausgenutzt. Wenn ich der Quarterback war und sie riefen drei Mississippis, und ich stand da, dann sah ich ihnen ins Auge, wenn sie auf mich zurannten – es gibt da den Bruchteil einer Sekunde, in der sucht man jemanden, der offen ist – und ich sagte: Ach, seid ihr tolle Kerle, kommt auf mich zu und greift einen armen kleinen Jungen mit nur einem Bein an!«

Sie besiegten ihn.

»Ich meine damit: Ich will nicht mein ganzes Leben auf meiner Behinderung aufbauen. Verstehen Sie mich nicht falsch. Ich bin sehr engagiert bei dem, was ich tue, nur möchte ich in Zukunft etwas anderes tun. Ich könnte meinen Job bei meinem Vater weitermachen, aber ich habe gerade beschlossen, von meinem Posten für eine Weile zurückzutreten.«

Ted stellt eine interessante Frage: »Wieviel schulde ich dem Krebs? Wieviel muß ich zurückgeben? Wann habe ich meine Schulden bezahlt?«

Ted hat allerhand geleistet. Er durchlief das College der Wesleyan University in Connecticut »wie ein normaler Junge«. Ein Jahr nach dem Abschluß allerdings »füllte sich mein Briefkasten mit verschiedenen Bitten, dies zu tun und das zu tun, Reden zu halten, hier und dort. Ein paarmal traten Leute an mich heran, die einen Film über meine Lebensgeschichte drehen wollten.«

Zuerst lehnte Ted diese Angebote ab, nannte es ein Eindringen in seine Privatsphäre, aber schließlich mußte er einsehen, daß sie es mit oder ohne seinen Segen tun würden, und so beschloß er, mit den Leuten zusammenzuarbeiten und vielleicht ein bißchen mehr Einfluß auf den Film nehmen zu können.

Sein Honorar aus der »Ted Kennedy Story« verwendete er als Grundstock für einen Krebshilfe-Fonds. Unter seiner Anleitung wurde eine Organisation namens *Facing the Challenge* (Der Herausforderung ins Auge sehen) gegründet, ein Beratungsdienst. Eine Art Bürgerrechtsorganisation für behinderte Menschen war geboren.

»Ich habe zuerst auf dem Gebiet der Arbeitsbeschaffung gearbeitet und geholfen, ein Netzwerk von Leuten in Massachusetts zusammenzuknüpfen, die Behinderte einstellten – alle Arten von Behinderten. Dann fuhr ich herum und sprach mit Geschäftsleuten und mit wem weiß ich darüber, Leute einzustellen. Die meisten Firmen haben noch nicht einmal erklärt, daß sie bereit sind, Behinderte zu beschäftigen.

Aber statt herumzugehen und den Leuten einzuhämmern: ›Ihr sollt dies tun, ihr sollt jenes tun‹, brachte ich andere Leute mit... andere Geschäftsleute, die Arbeitsplätze zur Verfügung gestellt und Behinderte aufgenommen hatten, und sie sagten: ›He, hört zu, ich betreibe ein Hotel.‹ Also, so hat es angefangen.

Langsam entwickelte sich daraus eine öffentliche politische Linie, und ich arbeitete an der Formulierung des Gesetzes mit in Beacon Hill (Parlament von Massachusetts) und Capitol Hill (US-Kongreß, Washington). Ungefähr vor einem Jahr entschied ich mich, daß ich nicht gleichzeitig meine Arbeit für *Facing the Challenge* und für die Wiederwahl-Kampagne meines Vaters tun konnte, und so hörte ich mit *Facing the Challenge* auf.«

Teds Arbeit hat nicht nur einen wichtigen Aspekt der Überlebensstrategie für Krebspatienten sichtbar gemacht und für gesetzlichen Schutz gesorgt, sondern auch eine Vielzahl von Ungerechtigkeiten, die andere Problemgruppen betreffen, zu Tage gefördert. Darum kümmern sich heute andere Initiativen und Verbände. Sobald ein Krebspatient geheilt ist, beginnt ein neuer Kampf – um seine Wiedereingliederung in die Gesellschaft, Arbeitsbeschaffung etc. – und auf diesen Gebieten gibt es sehr wenig Hilfsangebote.

Ganz oben auf der Liste der Probleme, mit denen ein geheilter Krebspatient zu tun hat, stehen: psychologische Wiederanpassung an die ›normale‹ Gesellschaft, Gen-Schäden, Diskriminierung bei der Arbeitsplatzsuche, die Unmöglichkeit, eine Versicherung zu finden, unzulängliche medizinische Behandlung (gute Medizin ist zu teuer), erschöpfte finanzielle Ressourcen und Verlust der Freunde.

»Wir sind in einer Gesellschaft aufgewachsen, die in vieler Hinsicht sexistisch und in vieler Hinsicht rassistisch ist«, sagt Ted. »Die Leute sind auf eine bestimmte Art erzogen und konditioniert. Krankheit, Krebs – die Leute wollen mit solchen Dingen nichts zu tun haben.

Die Probleme treten im Grunde dort auf, wo man mit Steuergeldern Gebäude errichtet, in die man aber als Behinderter nicht hineinkommt. Und so weiter. Das bringt mich in Rage. Ich glaube, das größte Handicap oder Hindernis ist nicht die körperliche oder geistig-seelische Behinderung eines Menschen, sondern die Gesellschaft selbst.

Das Geld für die Forschung kann den Menschen in der Zukunft Hilfe bringen, aber was sollen wir für die tun, die das jetzt durchmachen und den Rest ihres Lebens ohne diese Hilfe leben müssen? Diese Leute müssen *heute* leben! Die Forschung ist sehr gut, aber wir können die Tatsache nicht vergessen, daß da *jetzt* Menschen leben.«

Ted blickt nicht gern zurück auf die sechzehn Jahre, die vergangen sind, seit der Krebs ihn traf. Aber seine prompten Antworten auf bekannte Fragen lassen darauf schließen, daß er lange und gründlich über seine Krankheit nachgedacht hat und daß er sie ›im Griff hat‹.

Verlust der Freunde? »Leute, die von Anfang an nie wirklich deine Freunde waren.«

Seine 15-Prozent-Überlebenschance? »Ich dachte, ich wäre unsterblich, bis ich das College abschloß«, sagt er und grinst. »Jugendliche sitzen nicht herum und fragen einander ›Werde ich sterben?‹. Auf wieviel Beerdigungen ist ein Zehnjähriger schon gewesen?«

Sorgen um die Zukunft? »Ich mache mir keine Sorgen, weder um Dinge, an denen ich nichts ändern kann, noch um Kleinigkeiten, Trivialitäten.«

Entmutigung? »Zuerst sagst du: ›Wieso zum Teufel passiert *mir* das?‹ Später, als ich im Krankenhaus auf der Station mit der größten Sterblichkeitsrate lag und diese kleinen Kinder, diese Babies sah, sagte ich zu mir selbst: Was habe ich nur für ein Glück!«

Hilft Humor? »Ich fuhr bei einem Freund hinten auf dem Fahrrad mit, und wir flogen hin, weil wir gegen einen Buckel gestoßen waren. Mein Fuß an der Prothese wurde nach hinten verdreht. Ich stand auf, drehte ihn wieder richtig hin und ging weg. Die Leute, die dabeistanden, konnten es einfach nicht fassen.«

Als ich Ted frage, was er von der Zukunft erwarte, antwortet er mit einer eigenen Frage: »Haben Sie eine Kristallkugel?«

Dann denkt er darüber nach. »Ich glaube nicht, daß es unbedingt wichtig ist, daß man sich zu den Wahlen aufstellen läßt und ein Amt anstrebt, um dann etwas zu erreichen und zu verändern«, sagt er. »Ich muß an jemanden wie Tante Eunice (Eunice Shriver, die Schwester von Edward Kennedy) denken, die im Hof hinter ihrem Haus ein Camp startete, das sie zu den Special Olympics, dem größten Amateursportprogramm auf der Welt, entwickelte. Es ist unglaublich. Sie hat Einfluß auf das Leben von mehr Menschen gehabt als jemals irgendein Amtsträger. Ich habe viele Interessen... an den Weltmeeren... Es interessiert mich sehr, was wir mit den Ozeanen tun.« Er macht eine Pause, ein breites Lächeln erscheint auf seinem Gesicht. »Ich möchte glauben, daß die Ted-Kennedy-Junior-Story erst noch erzählt werden muß.«

Er zögert den Abschied hinaus und holt ein Photoalbum hervor. Als er die richtige Seite findet, wirkt er wie ein stolzer Vater. »Hier ist es«, sagte er. Er zeigt mir eine vierzig Jahre alte, siebzehn Meter lange hölzerne Segeljolle mit dem Namen *Glide,* die ihn im Hafen von Boston erwartet.

Als die Photos von seiner Familie vorbeiflitzen wie die Bilder eines Heimkinofilms in Zeitlupe, erscheint noch einmal das breite Lächeln auf seinem Gesicht, und er erwähnt einen Besuch bei seiner achtundneunzig Jahre alten Großmutter Rose Kennedy. Er erinnert sich, daß die Familie ein paar Wochen zuvor bei ihr gesessen und irische Lieder gesungen hat. Ich merke, daß seine Familienangehörigen, deren Namen während unseres Gesprächs dauernd fielen, genauso wichtig für seine Heilung gewesen waren wie die Chemotherapie.

Auf dem Heimweg denke ich an Teds Photos und all die anderen Familienphotos, die ich gesehen habe... der Krebspatient in der Mitte... Mom und Dad hängen über seinen Schultern... ein Hund gewöhnlich ganz vorn in der ersten Reihe... und daneben, auf je einer Seite, ein Bruder oder eine Schwester.

Jeden Tag ihres Lebens stellen diese Geschwister sich auf den Krebs ein. Sie gehen mit ihrem Bruder durch dick und dünn, erleben alle Höhen und Tiefen mit. Sie wissen über alles Bescheid, kennen sich gründlich aus. Mit ihrer Anwesenheit wird gerechnet. Und was tun sie? Sie sitzen am Rand und... sehen zu.

»Ich habe das auch durchgemacht«

Als Daniel eines Tages aus dem Kindergarten heimkam, rief seine Mutter ihm aufgeregt zu: »Daniel, deine Schwester ist in Remission!« Daniel schrie: »Yeah!« und lief auf die Veranda hinaus, um einer Gruppe von Freunden zuzurufen: »Meine Schwester ist in Remission!« Erfreut sprangen alle auf und nieder, klatschten in die Hände und tanzten auf dem Rasen, bis Daniel aufhörte und nüchtern fragte: »Mama, was ist Remission?«

Stell dir mal einen Augenblick lang vor, du wärest achtzehn Jahre alt. Du hast nachmittags Schule, Gymnastik, gehabt und sagst gerade deiner besten Freundin Amy auf Wiedersehen und gute Nacht.

Du stehst vor eurem Haus und fragst dich: ›Warum ist das Haus so dunkel? Warum sind beide Wagen meiner Eltern fort? Warum ist kein Mensch da? Warum ist das Licht auf der Veranda aus?‹

Als du im Vorraum stehst, hörst du ein Schluchzen aus dem Wohnzimmer. Aus dem Schatten kommt ein fremder Mensch auf dich zu. Als er ins Licht tritt, merkst du, daß er kein Fremder ist, es ist Mr. Maguire, ein sehr guter Freund der Familie. Er führt dich zu einem Sofa, wo er dir behutsam mitteilt, daß dein Bruder krank ist und ins Krankenhaus gebracht werden mußte. Er hat Leukämie.

Du sagst zu dir selbst: ›Mark hat Leukämie! Er ist erst zehn Jahre alt. Das kann nicht wahr sein. Ich komme mir vor wie eine leblose Stoffpuppe – wenn mich doch jemand aufrichtete und mir sagte, daß alles wieder gut wird.‹

Als Mr. Maguire fertig ist, drückt er dich fest an sich und gibt dir einen Kuß auf die Wange und schickt dich fort ins Bett. Wieder allein, um zu weinen... sich Dinge vorzustellen... zu warten, bis die lange Nacht vorbeigeht.

Nachdem Lara Kain ihren Aufsatz über diese lange Nacht in Poquoson, Virginia, geschrieben hatte, fügte ihre Mutter, Marsha, ein Postscriptum hinzu. Es lautete: »Es ist wichtig für andere Eltern zu begreifen, wie vernichtend es für den Bruder oder die Schwester sein kann, selbst wenn sie ihren Kummer durch kein äußeres Zeichen verraten.«

Aber es gibt eine Menge Zeichen.

Jüngere Kinder entwickeln manchmal körperliche Symptome ähnlich denen, die ihr Bruder oder ihre Schwester hatten, bevor man bei ihnen die Diagnose Krebs gestellt hat. Ihr Unterbewußtsein sagt ihnen: Wenn ihre Geschwister deshalb all die Liebe und die Geschenke bekommen haben, dann könnten sie das auch bekommen, dann könnte das bei ihnen auch funktionieren. Wenn ihr Bruder oder ihre Schwester einen Hirntumor hat, der Kopfschmerzen verursacht, bekommen sie Kopfschmerzen. Wenn er oder sie Leukämie hat und sehr schlaff und müde ist, werden sie auch oft schlaff und müde.

Manchmal verhalten Geschwister sich regressiv, z. B. fängt ein Kind, das mit drei oder vier sauber war, wieder an, sich einzunässen. Andere Kinder haben plötzlich Probleme in der Schule, und ihre Noten werden schlechter.

Teenager erregen durch auffälliges Benehmen oft negative Aufmerksamkeit. Dies erscheint ihnen besser als überhaupt keine Aufmerksamkeit. Wenn sie nur dadurch Aufmerksamkeit erregen können, daß man sie schlägt, dann lassen sie sich lieber schlagen, als daß sie unbeachtet bleiben.

Viele Kinder sind noch nicht lange genug auf der Welt, um die sprachlichen Fähigkeiten zu erwerben, um erklären zu können, was für Empfindungen sie haben. Diese bringen sie so zum Ausdruck, wie sie können, und man muß sie ernst nehmen.

Oft haben sie Angst. »Als ich vier war, ging ich ins Krankenhaus, um meinen Bruder zu besuchen, und er hatte überall Verbände und Pflaster am Körper. Er sah aus wie E. T., und ich fürchtete mich vor ihm.«

»Ich will nicht über meinen krebskranken Bruder reden, sondern über mich selbst, und ich habe wie alle anderen in der Familie ein Stück vom Killer in mir. Ich bin eine unabhängige Person, und wenn ich ein Problem habe, löse ich es auf meine Art... und nur mit Gottes Hilfe.« Ein Kind, das so denkt, muß voller Ärger, Trotz und Ressentiments stecken.

»Lange Zeit konnte ich es nicht ertragen, ins Krankenhaus zu gehen, um meinen Bruder zu besuchen. Es tat mir weh, wenn ich sah, wie krank er war. Eines Tages, als wir allein waren, platzte ich schließlich heraus und sagte ehrlich: ›Ich weiß nicht, was ich sagen soll!‹ Ich werde nie vergessen, wie er mich ansah und sagte: ›Du brauchst nichts zu sagen, es genügt, daß du da bist.‹« Nach und nach verlor die Schwester ihre Vorbehalte gegenüber der Krankheit des Bruders, und bald konnten sie ganz offen miteinander darüber reden.

»Meine Schwester wagte zuerst nicht, mich zu küssen und zu umarmen. Sie dachte, sie würde auch Krebs bekommen. Aber jetzt, da sie weiß, daß sie sich nicht anstecken kann, küssen und umarmen wir uns sogar noch mehr.« Auch hier ist allmählich die Angst gewichen, und die Geschwister fanden einen ganz neuen Zugang zueinander.

Es gibt Geschwister, die regelrecht eifersüchtig werden. »Wenn man einen Bruder oder eine Schwester mit Krebs hat, ist das schwerste daran, daß sich keiner um einen kümmert, man selbst bekommt keine Spielsachen und kein Essen ans Bett. Ich rate jedem, der einen Bruder oder eine Schwester mit Krebs hat, sich nicht deswegen zu ärgern und lieber selbständig zu werden.«

Manchen Kindern ist die Krankheit peinlich. Sie haben Angst vor öffentlicher Demütigung und spüren, daß der Familie ein Stempel des ›Andersseins‹ aufgedrückt wird.

Viele haben Angst vor der eigenen Zukunft: Als man ihn fragte, ob er irgendwelche Ängste oder Alpträume hätte, sagte Bobby: ›Daß sie mir auch die Beine abschneiden. Ich denke sehr oft daran. Ich wache auf und gehe in die Küche. Die ganze Zeit muß ich daran denken.«

Ich erinnere mich an einen kleinen Jungen, der sagte: »Manchmal, wenn mein Bruder sich übergab, bin ich in den Kleiderschrank geklettert und habe die Tür zugemacht und mir die Ohren zugehalten. Es hat mir solche Angst gemacht.«

Als ich ihn fragte, ob er das jemandem erzählt hätte, wirkte er überrascht und sagte nein.

Es gibt viele traurige und verängstigte Menschen, die sich in Kleiderschränken verstecken... junge Leute, die jeden Tag einen neuen Angriff der Krankheit erwarten. Anders als die Eltern, Ärzte und Berater haben sie keine aktive Rolle im Umgang mit dem Krebs zu spielen. Sie versuchen sich nur einfach dort einzuordnen, wo man sie gerade braucht. Aber sie empfinden alles mit.

Traci A. Maass, eine Fünfzehnjährige aus Arlington, Wisconsin, schrieb:

»Ich würde gern diese kleine Geschichte über einen kleinen Jungen, der Krebs hat, zu Ihrem Buch beitragen. Ich lasse seinen Namen weg, weil ich möchte, daß die Leute das hier lesen und sich, wenn möglich, an meine Stelle versetzen. Wenn Sie meinen, daß sein Name genannt werden sollte, schreiben Sie mir bitte und lassen Sie es mich wissen. Niemand weiß, daß ich das hier geschrieben habe, außer meiner Tante, und sie sagt es niemandem weiter. Eines Tages werde ich den Mut haben, es meinen Eltern zu sagen, aber jetzt noch nicht.

Ich erinnere mich an den Tag, an dem er geboren wurde, als wäre es gestern gewesen. Ich war damals erst vier Jahre alt. Ich ging hin und besuchte meine Mom und ihn, als er geboren war. Von diesem Tag an wurde er einer der wichtisten Menschen in meinem Leben.

Als mein Bruder zwei Jahre alt war, stellte man fest, daß er Krebs in einer Niere hatte. Nach der Operation gab es eine Zeit, in der kein Krebs in ihm gefunden wurde. Wir waren alle überglücklich. Wir dachten alle, daß wir es endlich überstanden hatten, und wir fühlten uns stark. Aber es ging weiter. Man stellte bei einer der Untersuchungen fest, daß der Krebs sich in seine Lunge ausgebreitet hatte.

Ich erinnere mich an die Zeiten, als wir in die Klinik zu seiner Behandlung fuhren. Ich habe die Klinik gehaßt und das, was sie meinen Eltern antat. Es hat sie so schrecklich mitgenommen, und ich konnte ihnen nicht helfen. Ich wollte es gern, aber wie sollte ich das tun?

Mein Bruder wurde in der UW-Klinik in Madison behandelt. Ich hatte furchtbare Angst vor der Klinik. Wir fuhren ein paar Jahre lang immer wieder hin, aber nichts half. Es gab keine Hoffnung. Ich habe das damals nicht einmal gewußt. Meine Eltern und auch mein Bruder wußten es, aber niemand hat es mir gesagt. Ich erfuhr es von meinem

Bruder. Wir haben eines Abends herumgealbert, und ich muß ihm weh getan haben, dann sagte er: ›Sei vorsichtig, ich werde sterben.‹ Ich werde diese Worte nie vergessen. Meine Eltern sagten es mir erst später. Ich fragte sie, warum sie es mir nicht vorher gesagt hätten, und warum ich es von meinem Bruder hätte erfahren müssen. Aber ich habe nicht weiter auf der Frage beharrt, als ich keine Antwort bekam. Sie hatten schon genug Probleme. Ich wollte ihnen nicht noch mehr aufladen.

Um meinem Bruder seinen letzten Wunsch zu erfüllen, fuhren wir mit ihm nach Florida. Ein paar Wochen, nachdem wir zurück waren, starb er. An dem Tag starb auch etwas in mir. Ich muß seinen Tod akzeptieren, aber ich kann noch immer nicht über ihn sprechen, ohne zu weinen. Während ich das hier schreibe, mußte ich mehrere Male anhalten, um mir die Augen zu trocknen. Ich habe meist nur über die schlimmen Zeiten geschrieben, aber es hat auch gute gegeben.

Er hat mir viel über das Leben beigebracht. Er hat mir beigebracht, was Liebe ist, daß man, ganz gleich, was es ist, die Dinge akzeptieren muß so wie sie sind und sie nicht in Frage stellen darf, und – am allerwichtigsten – daß es ein Leben nach dem Tod gibt. Sehr viele Menschen haben meinen Bruder gekannt und uns sehr geholfen. Ich kann sie hier nicht alle nennen, aber es gibt da einen Menschen, der sehr viel Dank verdient hat, Dr. Dorothy Ganick. Ich möchte ihr und allen Leuten danken, die einem kleinen Jungen geholfen haben, daß er noch so lange leben konnte, wie es möglich war.«

Ich habe Traci geschrieben und ihr mitgeteilt, daß ich ihren Brief in dem Buch verwenden wollte. Nachdem das

Buch erschienen war, ließ sie ihre Eltern lesen, was sie geschrieben hatte, und ich bekam die Erlaubnis, es abzudrucken. Der Name ihres Bruders war Christopher Paul.

Manchmal machen Leute die Geschwister unsichtbar. Wie Emily, zwölf Jahre alt, aus Richmond, Virginia, schrieb: »Es ist nicht so, als ob ich nicht da gewesen wäre. Ich *war* da. *Ich* hatte zwar keinen Krebs, aber ich war trotzdem ein Opfer. Niemand wußte, daß ich auch eine Menge durchgemacht habe. Keine Spritzen. Keine Medizin. Nur Schmerzen.«

Aber das Leben geht weiter... und nimmt einen mit, ob man es will oder nicht. Wie erträgt man es, Tag für Tag in dieser Ungewißheit zu leben? Um ein paar Antworten darauf zu bekommen, möchte ich zwei junge Eisschnelläufer vorstellen, die mancher von Ihnen schon von der Winterolympiade 1988 in Calgary zu kennen meinte.

Was Sie vielleicht noch nicht wußten, ist, daß Krebs einen Teil ihres Lebens ausmachte und immer noch ausmacht.

Die Geschichte zweier Geschwister

Im März 1988 war aus einer kleinen Notiz im *Life*-Magazin zu erfahren:

»Der amerikanische Sprinterstar Dan Jansen, der einen neuen Rekord über 1000 Meter aufgestellt hatte, stürzte – unerklärlicherweise. Was man nicht wußte: Kurz zuvor hatte er die Nachricht erhalten, daß seine ältere Schwester Jane an Leukämie gestorben war. Auch schon beim vorangegangenen 500-Meter-Lauf war Dan Jansen gestürzt.«

Man hatte damit gerechnet, daß Dan Jansen zwei Goldmedaillen im Eisschnellauf nach Hause bringen würde, aber der Krebs in seiner Familie kam dazwischen, und an jenem kalten Februartag in Calgary wurde er statt zum Sieger zum berühmtesten ›Krebs-Geschwister‹ aller Zeiten. Er teilte sein Leid mit einem Fernsehpublikum von zwei Milliarden Menschen. Sein Schmerz wurde in fünfundzwanzig Sprachen übersetzt und erreichte die ganze Welt.

Die ganze Familie Jansen – alle neun Kinder von Geraldine und Henry Jansen – hatte mit dem Krebs ihrer Tochter und Schwester gelebt, seit man die Krankheit im Januar 1987 diagnostiziert hatte. »Wir waren schockiert, aber wir akzeptierten die Krankheit, weil Jane uns half.«

Als die Olympiade näher kam, fühlte sich Dan hin- und hergerissen zwischen seinem Wunsch, nach Calgary zu gehen, und dem, zu Haus bei seiner Familie in West Allis, Wisconsin zu bleiben. Jane hatte wegen der Chemotherapie Probleme mit ihrer Leber. Aber sie versicherte ihm: »Mach dir um mich keine Sorgen. Wir sehen uns dann im März.« Dan war optimistisch.

Aber am Tag vor dem Rennen rief man seinen Vater aus Calgary nach Haus, weil Janes Zustand sich verschlechtert hatte. Dan hatte wieder das Gefühl, daß er nach Hause zurückkehren sollte, aber er wußte, daß Jane das nicht gewollt, sondern sich gewünscht hätte, daß er am Rennen teilnahm.

In den frühen Morgenstunden vor dem Tag des Rennens sprach er übers Telefon mit Jane. Sie war zu schwach, um ihm irgend etwas zu erwidern. Wenige Stunden später starb sie.

Am selben Abend trat Dan zum Eisschnellauf an. »Es wurde mir klar, wie sehr man sich beim Eislauf konzentrieren muß. Ich hatte diese Konzentration immer für selbstverständlich gehalten, aber jetzt konnte ich es einfach nicht mehr. Sogar die Schlittschuhe kamen mir fremd vor, als ob sie mir gar nicht gehörten. Mein Körper war in Calgary, aber mit dem Herzen war ich in West Allis.«

Familien, die eine Krise erleben, schließen sich instinktiv enger zusammen, vor allem, wenn ein Familienmitglied stirbt und eine Lücke hinterläßt. Und Dan hatte das Gefühl, dort, wo er hingehörte, zu fehlen. »Nachdem ich das erste Mal gestürzt war, war ich enttäuscht«, sagte er. »Aber es hat mir nicht viel ausgemacht. Es war seltsam. All die Jahre hatte ich auf diesen Augenblick hingearbeitet... auf dieses Rennen, von dem ich geträumt hatte, seit ich sieben Jahre alt war. Glauben Sie mir, manche Dinge sind wichtiger als Goldmedaillen. Und man sollte nichts im Leben für selbstverständlich halten.«

An dem Abend, an dem Dan aufs Eis ging, sah ihm jemand von der Tribüne aus zu, der mehr als nur interessiert an diesem Rennen war: Es war seine langjährige Freundin und hoffnungsvolle Aspirantin auf eine Goldmedaille, Bonnie Blair. Sie und »D. J.« waren »seit unserer Geburt« miteinander befreundet gewesen.

Bonnie machte sich Sorgen um Dan. Sie wußte, was geschehen war, und war ihm aus dem Weg gegangen, um ihn nicht daran zu erinnern.

»Ich sah ihn aufs Eis gehen und fürchtete, daß er nicht richtig warm werden würde. Aber ich hoffte, daß er gewinnen könnte. Als er stürzte, habe ich mir die Augen ausgeweint. Als er in dem zweiten Rennen hinfiel, dachte ich, die drei schlimmsten Dinge, die ihm zustoßen konnten, waren geschehen.«

Von all den Menschen, die Dan Jansen an jenem Tag zusahen, hat Bonnie wohl am besten verstanden, was in ihm vorging. Im Februar hatte sie an einem Wettkampf in Europa teilgenommen, als eine ihrer Schwestern sie anrief. (Bonnie ist die jüngste von sechs Blair-Geschwistern, den Kindern von Charlie und Eleanor Blair, Champaign, Illinois.) Da ihr Geburtstag kurz bevorstand, dachte sie, daß ihr jemand alles Gute wünschen wollte.

Ihr Bruder Rob kam ans Telefon und vertraute ihr an: »Bonnie, ich bin krank. Ich hatte vor eineinhalb Wochen einen Anfall und mußte ein paar Untersuchungen auf einen Hirntumor über mich ergehen lassen.« Als Bonnie zu weinen begann, erzählte er ihr davon, wie die Leute von der Ambulanz gekommen waren, als er den Anfall hatte, und ihn fragten, wer der Präsident der Vereinigten Staaten sei. Der einzige Name, der ihm einfiel, war der von Grover Cleveland*, weil der und Bonnie am selben Tag Geburtstag hatten. »Ich wußte, daß die Antwort falsch gewesen wäre, und deshalb sagte ich ihnen, ich wüßte es nicht.« Rob und Bonnie lachten gemeinsam am Telefon, und sie verzieh ihm sogar, daß er sie nicht sofort nach der Diagnose angerufen hatte.

Wie das bei den meisten Geschwistern von Krebskranken der Fall ist, fühlte sie sich aber völlig hilflos. »Warum er? Ich fragte mich, ob ich je wieder mit ihm sprechen würde. Meine beste Freundin in der High School war an Leukämie gestorben, und das hatte mich sehr hart getroffen.«

»Auf der anderen Seite«, fuhr Bonnie fort, »habe ich

---

* Grover Cleveland, 1837–1908, Präsident der USA von 1885 bis 1889 und von 1893 bis 1897 (A. d. Ü.)

immer folgende Philosophie gehabt: Mach dir keine Sorgen, bevor du nicht mußt. Unsere ganze Familie ist so. Wir hängen sehr aneinander.« Tatsächlich erfuhr Rob zwei Monate später aufgrund einer Biopsie, daß er einen ›niedriggradigen‹ Hirntumor hatte, der sich nicht vergrößerte, er war einfach nur da.

Die Situation beruhigte sich wieder etwas, bis zum Silvestertag – zwei Monate vor der Olympiade 1988 –, als man bei Bonnies Vater einen Lungenkrebs feststellte. Wieder beschloß die Familie, Bonnie nichts davon zu sagen, bevor man nicht ganz genau Bescheid wüßte. Sie wollten Bonnie so kurz vor ihrem Wettkampf nicht in Unruhe versetzen. Als sich herausstellte, daß eine Bestrahlung helfen könnte, erzählten sie es Bonnie.

Heute sieht Bonnie es so: »Ich habe damals von Rob und Dad gelernt, daß man sein Leben voll ausschöpfen muß. Ich versuche, in allem das Positive zu sehen. So bin ich erzogen worden.«

Als die Reihe an Bonnie war, sich dem Wettkampf auf dem Eis zu stellen, waren unter den Zuschauern, die die Eisschnelläuferin von der Tribüne aus anfeuerten, fünfundzwanzig Mitglieder des Blair-Clans. Und am kräftigsten brüllten ihr Bruder Rob und ihr Vater.

»Zum Glück brauche ich mich bei dem, was ich tue, nicht sehr zu konzentrieren«, sagte Bonnie bescheiden. Wie dem auch sei, ihre Konzentration reichte aus, um die Goldmedaille im 500-Meterlauf, die Bronzemedaille im 1000-Meterlauf und den vierten Platz im 1500-Meterlauf zu gewinnen.

Auf der Tribüne befand sich unter denen, die sie anfeuerten, auch ihr Freund und Sportskollege D. J. Jansen.

Dan und Bonnie sind Weltklasse-Champions. Dan gewann danach den World Cup in Norwegen und in Deutschland. Sie sind beide populär. Aber sie wären die ersten, die Ihnen gestehen würden, daß die wahren Champions ein stilles Leben in West Allis, Wisconsin und Champaign, Illinois führen.

Vergiß nicht zu schreiben

»Brust oder Bein?«

Frage eines Camp-Kochs an einen Berater, der durch den Krebs ein Bein verloren hatte.

Da ich zu den Erwachsenen gehöre, kann man von mir nicht erwarten, daß ich das Kapitel über das ›Camp‹ richtig hinbekomme. Ich kann nur entfernt nachempfinden, welche Lebensfreude, welche Befreiung, welche Abenteuer es vielen Kindern bietet. Die Kinder liegen auf einer fünf Zentimeter dicken Matratze und atmen den Duft von Kiefernzapfen und Lagerfeuern ein. Ich rieche Insektenspray und Schimmelpilz. In allem, was nachts umherkrabbelt, sehen sie interessante Tiere, die es zu fangen lohnt. Ich denke dabei an Ungeziefer und Zeckenbisse.

Für ein Kind ist es der Inbegriff freien, ungebundenen Lebens in der Wildnis, wenn es Pfannkuchen auf Steinen brät. Meine Vorstellung vom urigen Campen ist ein Fernseher, der keine Krimis, keine Werbung und keine Lottozahlen sendet. Das heißt allerdings nicht, daß es nicht doch Erwachsene gäbe, die sich in diesen Camps wohlfühlen. Es gibt dort jede Menge von Camp-Leitern, Schwestern, Beratern und Ärzten, die in diesen Camps für krebskranke Kinder und deren Geschwister und andere Familienangehörige das ganze Jahr über arbeiten.

Sie könnten ihre eigenen Bücher darüber schreiben. Da gab es einen Campleiter, der eine Kuhherde hatte. Die Kühe entdeckten den Bogenschießstand und fraßen alle

Zielscheiben auf. Da gab es eine Mutter, die Angst davor hatte, zum erstenmal von ihrem kranken Kind getrennt zu werden. Gerade als sie sich etwas beruhigen wollte, traf ein Berater mit der Nachricht ein, daß eines der Mädchen hingefallen war, sich das Knie verrenkt hatte und eine Trage brauchte...

Diese Erwachsenen sind dort, weil sie dort sein wollen und weil sie begriffen haben, daß das Camp so wichtig im Kampf gegen den Krebs ist wie die medizinische Behandlung selbst. Sie sehen mit eigenen Augen, was diese Ferien vom täglichen Kampf ums Überleben Gutes bewirken können. Und das gibt auch ihnen Kraft.

Die Erwachsenen in diesen Camps geben als erste zu, daß ihr Job im Camp ihnen soviel Erfüllung bringt, wie wenige Jobs es sonst noch tun könnten. Ich habe die Kinder gesehen, die das Tun dieser Erwachsenen mit einer Begeisterung verfolgten, wie es sie sonst nur noch eine Karte für ein Konzert von Michael Jackson hervorzurufen vermag. Kinder, die wirklich dankbar dafür waren, daß man sie vor endloser Krankheit bewahrte. Kinder, die für ein oder zwei Wochen in jedem Sommer so wie alle anderen Kinder auf der Welt sein durften.

Das Camp ist zu einem sehr wichtigen Bestandteil der Krebstherapie geworden. Die Kinder bekommen eine zweite Chance, ihre Kindheit zu erleben, die sie schon verloren geglaubt hatten. Das Camp bestätigt die Tatsache, daß man Kinder in eine Erwachsenensituation, in eine Erwachsenenwelt hineinstellen und ihnen Erwachsenenprobleme zumuten kann – aber daß man nicht das Kind aus ihnen entfernen kann.

Auch wenn sie nur noch ein Bein haben, werden sie

damit in die Pfütze springen. Wenn sie an einem Spiegel vorbeikommen, der ihren kahlen Kopf reflektiert, stecken sie trotzig die Zunge heraus. Wenn man sie in einen Rollstuhl setzt, werden sie jemand anderen finden, mit dem sie ein Wettrennen starten können.

Während Sie das hier lesen, dürfen Sie zwei wichtige Tatsachen nicht vergessen. Die ersten Onkologie-Camps sind in den USA eigentlich erst 1982 entstanden. Warum? Weil es davor keine nennenswerte Anzahl von Kindern gab, die dort hätten hingehen können – die erfolgreiche Behandlung krebskranker Kinder hat eine dramatische und erst kurze Geschichte.

Machen Sie sich außerdem klar, daß diese Camps der einzige Ort sind, an den ein Kind gehen und völlig es selbst sein kann. Es ist dort unter Freunden, die auch all das durchgemacht haben, was es selbst erfahren hat – und oft noch mehr. Es kann seinen Kopf und seine Gefühle offen zeigen ... und niemand verurteilt es deswegen.

Ein altes Campergesetz (Nr. 192) lautet: »Du wirst mehr Spaß am Camp haben, wenn du dein Alter von zwölf oder weniger Jahren hältst.«

Hier also die Stimmen von Leuten, für die das Camp geschaffen wurde:

Liebes Camp Sunshine,
ich möchte gleich zur Sache kommen. Das beste am Camp war, daß ich die letzten drei Schultage und meine Prüfungen versäumt habe.

Jess, dreizehn Jahre
Atlanta, Georgia

Wir haben drei alte Stricke geholt und Molly an einen Baum gebunden.

Becky
Camp Ukandu
Vancouver, Washington

Campwitz:
Frage: Was ist mit dem Indianer passiert, der 80 Liter Tee getrunken hat?
Antwort: Er ist in seinem Tea pee* ertrunken!

Camp Kyso
Carrollton, Kentucky

»*Wer unter freiem Himmel schläft, sorgt dafür, daß es regnet.*«

Campergesetz Nr. 976

Liebe Mom und lieber Dad,
ihr fehlt mir sehr, aber ich möchte nicht nach Haus.

Evelyn
Nashville, Tennessee

---

* Wortspiel: Tea pee (Tee-Pipi) und Tepee (Indianerzelt) (A. d. Ü.)

Ich träume von den Bergen
Während ich zum Himmel schaue
Aber hier bin ich in meinem Zimmer
Ganz nahe bei ihnen.
Jetzt, da ich in den Bergen bin
Fühle ich mich so frisch und sauber
Obwohl ich seit über einer Woche
Nicht gebadet habe.

Sandy
Madera, California

Gerüchteküche:
Frankie und Annette scheinen sich wieder zu mögen.
Könnte das die heißeste Liebesgeschichte seit Romeo und Julia
sein?

Zum Camp zu fahren war ein Abenteuer für mich. Es ist das erstemal, daß ich ein Zelt aus der Nähe gesehen habe. Und ich bin auch noch nie in meinem Leben so weit weg von einem Einkaufszentrum gewesen.

Beverly
Camp Sunshine
Atlanta, Georgia

Essen im Camp
War gut für einen Tramp:

Die Eier grün,
der Schinken auch,
aber: alles blieb in meinem Bauch.

John, 14 Jahre
Bend, Oregon

Wenn du denkst, du hast 'ne Maus gesehen…
dann war's eine!

Campergesetz Nr. 1

Dr. Ritchey ist ein großartiger Frisbee-Spieler. Warum, glaubst du,
möchte er auch noch Arzt sein?

Donnie
Camp Winaca
Morgantown, West Virginia

Zwei Campberater machten eines Abends die Zelte regendicht
und unterhielten sich dabei angeregt über die Liebe. Zu ihrem
Schrecken sahen sie aus einem der Zelte einen Fuß herausragen.
Sie waren sehr erleichtert festzustellen, daß ihnen nur eine Pro-
these zugehört hatte.

Name des Camps wird auf Verlangen mitgeteilt

Lieber Lupe,
kannst Du BITTE Mom auf spanisch sagen, daß ich mich richtig
gut amüsiere. Ich bade jeden Tag und versuche, nicht soviel zu es-
sen. Sag ihr, sie soll ja nicht vergessen, daß ich am Mittwoch ab-
fahre. Vergiß das BLOSS NICHT. Ja, also auf Wiedersehen dann.
Ich hoffe, Ihr VERGESST DAS ALLE NICHT. BITTE!!!

Claudia
San Antonio, Texas

Toilettenpapier ist das Kostbarste, was es hier im Camp gibt, ich
schätze es höher als all meine irdische Habe hier… mehr als
meine Zahnbürste und meine Sport-Illustrierte von letzter Woche.
Ich gelobe, nie wieder Toilettenpapier zu verschwenden. Künftige
Generationen werden nicht die Nöte erdulden müssen, die ich
einst hatte.

Keith, Berater
Camp Sunrise, Arizona

Es ist im allgemeinen leichter, um Entschuldigung zu bitten, als
um Erlaubnis.

Campergesetz Nr. 1092

Das Camp ist der einzige Ort, an dem ich mir über Krebs keine
Sorgen mache. Ich mache mir Sorgen über Stechmücken.

Ein Camper,
Path, Rhode Island

Campwitz:

Joe: *Gestern stand ich Auge in Auge mit einem Löwen.*

Moe: *Hattest du keine Angst?*

Joe: *Nein, ich habe mich einfach abgewandt und bin an seinem Käfig vorbeigegangen.*

Campdoktor: Susan, how do you feel?

Susan: With my hands.*

Liebe Mom und lieber Dad:

Fehlen wir euch? Schickt eine Ja- oder Nein-Karte.

Derek, 6 Jahre

Camp Hobe, Utah

Frankie besuchte Camp Can-Do, und als er wieder zu Haus war, ließ ich den Film aus seiner Kamera entwickeln. Ich war sehr überrascht zu sehen, daß er auf allen Photos die Kleidung von jemand anderem trug. Wie es scheint, hat er nie das zweite Fach in seinem Koffer gefunden.

Mutter eines Campers

Marlton, New Jersey

* ›How do you feel?‹ heißt sowohl ›Wie fühlst du dich?‹ als auch ›Wie fühlst du?‹ (A. d. Ü.)

Was hast du ins Camp mitgebracht, das du nicht gebraucht hast?

Steptanzschuhe und ein neues Paar Ohrringe.
Sue

Hallo, Mrs. Anderson? Robin hat sich bei der Pfadfinderübung ein Bein gebrochen. Könnten Sie bitte per Flugzeug ein anderes schicken?

Anruf eines Camp-Beraters bei einer Mutter

Wann ist die richtige Zeit,
Krebs zu bekommen?

»Ich kann noch nicht sterben ... ich habe noch so viel vor!«

George Burns

Sie sind noch im Zimmer Ihres Lebens, und jemand schlägt krachend die Tür zu.

Sie rufen: »Warum ich?«, und dann flüstern Sie: »Warum irgendwer sonst?«

Es wird niemanden überraschen, daß Krebs nicht etwas ist, das man auf einer Liste unter »Was ich heute zu erledigen habe« notiert. Aber die Reaktion ist immer dieselbe: »Nicht jetzt! Jetzt ist der schlechteste Zeitpunkt in meinem Leben, Krebs zu bekommen.«

Timing.

Fünf Tage vor Weihnachten, die Familie Mould in North Vancouver, British Columbia, Kanada, hatte gerade ihren Weihnachtsbaum fertig geschmückt. Eine Stunde nachdem die beiden Jungen zu Bett gegangen waren, kam Tommy an die Treppe und bat um Hilfe. Er konnte nicht atmen. Am Heiligabend lag Tommy auf der Station 3B, Diagnose: Non-Hodgkin, lympholastisches Lymphom*.

»Ich war aktiv in Ballett, Steptanz und Jazztanz und in ausgezeichneter Verfassung. Eines Nachmittags, als ich gerade

* Lymphknotenvergrößerung

auf meinem Heimtrainer-Fahrrad strampelte, fühlte ich einen Knoten in meinem linken Bein. Es war ein Rhabdomysarkom.*«

»1983 war ein wichtiges Jahr für mich. Ich war gerade in die vierte Klasse gekommen, wohnte in einem neuen Haus, ging in eine neue Schule und versuchte, bei meinen Lehrern einen guten Start zu bekommen. Da stürzte ich und stieß mit dem Kopf gegen ein Schulpult. Ich bekam Kopfschmerzen und erbrach mich. Ich dachte, ich hätte eine Grippe.«

Pat aus Manchester, Vermont, hatte große Pläne, als der Krebs sich in sein Leben einmischte. Er und sein Bruder Brendan wollten nach Lake Placid, um sich die Winterolympiade anzusehen. Er spürte einen Schmerz im linken Knie und ging zu einem Arzt, der als Ursache ein Knochensarkom feststellte.

Nachdem sein Bein amputiert worden war, schuf Pat sich seine eigene Olympiade – auf einem Gipfel namens Dawson Pass im Glacier Nationalpark. Er schaffte es bis hinauf – mit seinen Krücken und allein.

Krebs kommt nie zur rechten Zeit. Ob du in der achten Klasse bist und der erste Klarinettist in der Band der Fortgeschrittenen werden sollst, oder ob du Sportler und die Hoffnung des Teams bist – und mit einem Bein aus der Klinik zurückkehrst, Krebs kommt immer ›ungelegen‹.

---

* seltener, von der quergestreiften Muskulatur ausgehender Weichteiltumor

In einem heißen Sommer lag die elfjährige Monica Furst mit ihrer Mutter im Dauerclinch darüber, ob sie ihr bis zur Taille reichendes Haar abschneiden sollte oder nicht.

Ein paar Wochen darauf war das Problem vergessen. Bei Monica wurde ein Ewing-Sarkom festgestellt, das eine Operation und Chemotherapie erforderte.

»Ich wollte nicht weiterleben«, sagte sie. »Ich aß nur noch eine Banane pro Tag. Ich dachte: Warum essen, wenn ich es sowieso wieder erbreche. Mein Gewicht ging herunter auf 25 Kilo. Meine Mutter hat viel geweint. Ich habe meinem Doktor die Schuld gegeben. Dann fing ich an darüber nachzudenken, was ich tat. Ich tat mir einfach selbst leid. Während ich mich eines Tages erbrach, beschloß ich einfach weiterzuleben und die High School zu besuchen und zum Abschlußball zu gehen.«

In einer Welt, in der die Menschen siebzig und achtzig werden, wollte Monica ein Teenager sein. In einer Welt, in der die Zahl der Schulabgänger ohne Abschluß eine nationale Epidemie zu werden droht, wollte sie zur High School und zum Abschlußball gehen.

Der Abschlußball. Das Wort hat einen magischen Klang. Aber für Aaron Asencio in Crestline, Kalifornien, hing es mit der größten Enttäuschung seines Lebens zusammen.

Seine Geschichte beginnt am Abend des Abschlußballs nach Beendigung der 9. Klasse. Gerade an jenem magischen Abend, an dem die Freunde so elegant angezogen sind, daß man sie kaum wiedererkennt. Die brutalen Typen, die immerzu laut gerülpst haben, zeigen sich von ihrer besten Seite. Kombiwagen verwandeln sich in Limousinen, und stolze Eltern filmen und photographieren das märchenhafte Ereignis, damit ihr Kind sich für den Rest seines Lebens daran erinnern kann.

Als der fünfzehnjährige Aaron vor dem Spiegel stand, erkannte er die schlanke Gestalt fast nicht, die ihn ansah, zupfte ein letztes Mal seine Fliege zurecht, strich die Aufschläge seiner weißen Smokingjacke glatt und betastete die Schärpe, die seine Taille zierte. Er bemerkte, daß sein Hals etwas dick war, aber er dachte, das sei nur eine geschwollene Drüse und würde wieder weggehen.

Er war bereit, die ganze Nacht zu tanzen, und das tat er auch.

Doch nach der Abschlußfeier sorgten seine Eltern, Adrian und Jane Asencio, dafür, daß ein Arzt sich seine geschwollene Drüse ansah.

In die Heiterkeit und Stille eines Krankenhauses in Lake Arrowhead hinein sagte ein Arzt: Da er »keine stark menstruierende Frau« sei, sei er »wahrscheinlich ein Mann mit Leukämie«.

In diesem Sommer hatte Aaron sich eigentlich erholen und so wenig wie möglich tun wollen. Statt dessen mußte er ins Loma Linda University Medical Center, das er heute spaßeshalber ›Motel Hölle‹ nennt. Der Verdacht des Arztes bestätigte sich. Aaron hatte eine akute lymphozytische Leukämie.

»Ich war bis dahin noch nie krank gewesen«, lacht er. »Nicht einmal ein Knochenbruch. Das schlimmste waren eine Halsentzündung in der siebten Klasse und Windpokken gewesen.«

Nach zwei Wochen wurde es besser, Remission. »Ich wußte schon einiges über Krebs. Die beste Freundin meiner Mutter hatte es gehabt, ein Freund von mir hatte Halskrebs und konnte nicht sprechen und mußte alles aufschreiben, was er sagen wollte. Ich habe dann selbst gelernt, daß man nicht einfach etwas auf einen Zettel schreiben und damit in die Bank gehen kann«, kicherte er. »Das macht die nervös. Ich könnte ja ein Bankräuber sein.«

Wenn irgendwer das Recht hat, »Nicht jetzt! Es reicht mir auch schon so!« zu schreiben, dann Michelle Hawley in Mesa, Arizona.

Michelle hatte ihren Berg schon erklettert. Sie hatte dem Krebs ihren Tribut bereits entrichtet. Als sie dreizehn Jahre alt war, die schnellste Läuferin ihrer Junior High School, Sprecherin ihrer Klasse in der Kirche und eine Musikerin, die Klavier und Geige spielte, stellte man bei ihr eine akute lymphozytische Leukämie fest.

Nach dem Abklingen der akuten Krankheitszeichen fing sie an, ihr Leben wieder zusammenzuflicken. Sie erlitt im Jahr darauf einen Schlaganfall. Ein leichtes Hinken blieb zurück, und eine Hand war nicht mehr voll zu gebrauchen. Vier Jahre später mußte Michelle eine Operation am Knie vornehmen lassen, aus dem Knochensplitter entfernt wurden. Aber sie hatte noch immer Vertrauen ins Leben und ließ den Mut nicht sinken.

Während ihres zweiten Jahres an der Universität von Arizona ging es ihr gut. Sie lebte wie eine normale neunzehnjährige Studentin. Dann kam der Krebs zurück.

Was die Gefühle angeht, so ist ein Rückfall schwer zu beschreiben. Man hat ihn mit der Besteigung eines Berges verglichen, bei der man, oben angekommen, merkt, daß der eigentliche Gipfel noch dreitausend Meter entfernt über einem liegt.

Einen Rückfall kann man nicht beschreiben – niemandem, der ihn nicht selbst erlebt hat.

Wenn Kinder zu einer zweiten Schlacht gegen die Krankheit gezwungen sind, denken sie nicht selten an Selbstmord. Rückfallpatienten erwähnen das Wort oft. Sie machen eine äußerst schwierige Phase durch. Glauben Sie nicht, daß das, was Sie gleich lesen werden, ein Zeichen von Schwäche ist. Sie sehen der Verzweiflung ins Gesicht. Sie lernen Menschen kennen, die glaubten, daß sie nach Haus dürften, und die man zurück in den Kampf schickt – noch einmal alles von vorn.

Dies sind die Stimmen der neunzehnjährigen Michelle Hawley und ihrer Mutter, Sharon. Sie wurden getrennt interviewt. Es fiel ihnen schwer, sich ihrer Gefühle zu erinnern, und manchmal war es schmerzhaft für sie, sie mitzuteilen.

Michelle: Ja, es klingt ganz schlimm, aber als sie sagten, der Krebs wäre zurückgekommen, sagte ich, ich wolle sterben. Ich sagte: »Vergessen Sie es. Ich will nicht alles noch einmal durchmachen. Vergessen Sie diese ganze Chemotherapie. Ich will nicht mehr krank sein. Ich will lieber sterben.« Also, das habe ich gesagt.

Sharon: Sie war die ganze Zeit sehr ruhig. Sie lehnte die Behandlung nur einfach kategorisch ab. Sie sagte, sie hätte Freunde, die die Behandlung durchgemacht und dann einen Rückfall erlitten und dann wieder die ganze Behandlung durchgemacht hätten, und sie stürben sowieso, also, was ist der Sinn der ganzen Prozedur. Ich bat um Entschuldigung und verließ das Zimmer und ging den Gang hinunter und in ein kleines Zimmer hinein und heulte mir die Augen aus. Ich rief meinen Mann an und sagte: »Du mußt kommen. Du mußt kommen.«

Michelle: Sie riefen meinen Vater und meinen Bruder in Phoenix an, sie sollten nach Tucson kommen. Sie besorgten uns ein Zimmer... nur damit wir darüber redeten und so.

Sharon: Der Arzt und der Sozialarbeiter erklärten es Michelle, und sie blieb sehr fest bei ihrem Entschluß. »Ich mache es nicht.« Wir sprachen über die Folgen, wenn sie sich nicht behandeln ließ und wie schnell die Krankheit sie überwältigen würde, daß sie dann in zwei Wochen bis zwei Monaten sterben würde. Und da dachte ich: »Mein Gott! Weihnachten wird sie tot sein.«

Michelle: Ich nehme an, meine Reaktion war nicht normal. Denn alle, alle Kinder im Camp, ich glaube, jeder möchte einfach nur wieder gesund werden, möchte, daß es ihm besser geht, versucht, alles dafür zu tun.

Sharon: Michelle blieb bei ihrer Meinung. Es wollte nicht in meinen Kopf, wie störrisch sie war, aber ich verstehe es heute – das war ihr Recht. Wir drei, Mutter, Vater und Bruder, schrien auf sie ein, flehten sie an, zählten die Argumente auf, die dafür sprachen weiterzukämpfen. Wir sagten ihr einfach, wie sehr wir sie liebten und wie sehr wir wollten, daß sie am Leben blieb und nicht aufgab, sie sollte es doch bitte wenigstens versuchen, auch wenn es unangenehm wäre. Nach einer Stunde... oder eineinhalb Stunden... fünfundvierzig Minuten, wie lange es auch immer gedauert haben mag, sagte sie schließlich: »Okay, ich mache es.«

Michelle: Ich erinnere mich, daß mein Bruder gesagt hat – ich kann Ihnen das nicht erzählen, ohne zu heulen… Er sagte: »Wenn du wieder nach Haus kommst, wenn du in dem Zimmer neben meinem Zimmer einfach stirbst, will ich nicht da sein.« Und er sagte so etwas wie: »Da ich dein Bruder bin, werde ich es doch tun, aber es wird mir nicht gefallen.« Dafür liebe ich meinen Bruder am meisten.

Michelles Familie hätte sich nie im Leben vorstellen können, daß sie einmal ein solches Gespräch führen würde. Sie waren eine richtige Musterfamilie. Eine Familie, in der es relativ wenig Dramatisches gegeben hatte. Es ist eine stille, tief in ihrem Glauben verwurzelte Mormonenfamilie. Sie haben, wie Sharon sagte, »immer eine große Ehrfurcht vor dem Leben und Liebe zum Leben gehabt«.

Ich habe Monica Furst letztes Jahr in einem Vorort von Los Angeles besucht, wo sie mit ihrem Vater lebt. Sie ist heute gesund und glücklich und machte sich damals gerade für den Abschlußball ihrer Klasse in der High School fertig.

Aaron hatte sich für meinen Besuch einen Tag von seinem Sommerferienjob freigenommen, er verleiht Ruderboote am Lake Gregory. Er erzählte mir, daß er im Herbst in die 10. Klasse der »Rim of the World High School« wollte. Ich bedauerte die Schüler, die bei Wettkämpfen diesen langen Namen skandieren müßten – bevor sie damit zurechtkämen, wäre ja schon jedes Spiel verloren. Er lachte: »Die

Schule ist sowieso das letzte, sie steht am Ende der Welt, und dahinter kommt nichts mehr, nur noch ein steiler Abhang.«

Und er freute sich auf einen neuen Abschlußball – in der »Rim of the World High School«.

Michelle habe ich im Sunrise Summer Fun Day Camp in Phoenix getroffen, wo sie als Beraterin volontierte. Sie befand sich seit neun Monaten in Remission. Als sie ein paar ihrer Schutzbefohlenen zum Schwimmen hinausbegleitete in die 46-Grad-Hitze, sagte ihre Mutter: »Ich glaube, sie hat sich ganz gut gehalten, so aufsässig sie auch ist. Ich könnte das nicht, wenn ich ein Mädchen in ihrem Alter wäre. Sie hat sehr viel Mut und Energie. Ich halte dies für einen Krieg, den Michelle wieder gewinnen kann.«

Die hübsche junge Beraterin ist nicht vor Weihnachten gestorben. Nicht 1987 und auch nicht 1988. Letzte Weihnachten erhielt ich ein selbstgebackenes Ingwerbrot von ihr. Sie hatte mit ihrer Mutter über siebzig Stück gebacken und verteilt.

Das zweite Murphysche Gesetz

Wenn ein Patient sagt: »Doktor, Sie können das unmöglich ver-
stehen«, kann ich mit gutem Gewissen darauf erwidern: »Doch,
das kann ich.«

Dr. Martin J. Murphy Junior

Dauernd rechne ich für die verrücktesten Sachen die Chancen aus.

Während ich in einem Leihwagen den Kettering Boulevard hinunterkutschiere, muß ich mich fragen: »Wie groß waren die Chancen, daß hier in Kettering, Ohio, ein wichtiges Krebsforschungslabor zwischen einem Kosmetiksalon und einem McDonald-Hamburgerladen entstehen konnte? Wie groß ist die Chance, genau davor einen Parkplatz zu finden? Oder den Arzt an einem Samstagmorgen in seinem Arbeitszimmer anzutreffen?«

Wenn wir über das Hipple Cancer Research Center und dessen Leiter Dr. Martin J. Murphy Junior reden, so war es in allen drei Fällen ein Volltreffer! Also: drei 100prozentige Chancen.

Als ich an die Glastür klopfte, um auf mich aufmerksam zu machen, versuchte ich mir mein vorangegangenes Treffen mit Dr. Murphy ins Gedächtnis zurückzurufen. Es war eine kurze Begegnung. Wir saßen auf dem gleichen Podium bei einer Feier, auf der Absolventen der Dayton University für ihre Beiträge zur Erhaltung von Leben geehrt wurden. Ihn stellte man vor, indem man zuerst seine akademischen Grade und Auszeichnungen aufzählte. Als letztes wurde sein wissenschaftlicher Durchbruch genannt. Dr. Murphy hat Krebszellen kloniert*. Ich kam mir an jenem Abend nicht nur ziemlich unbedeutend vor, sondern ich hätte auch am liebsten um Entschuldigung gebeten und wäre weit weggelaufen. Was er hinter sich hatte, wünschte ich mir nicht, würde sich niemand wünschen.

Eigentlich war ich jetzt zu ihm nach Kettering gekommen, um zwei Murphys zu interviewen. Erstens den Krebsforscher Dr. Martin Murphy. Zweitens den Krebspatienten Martin Murphy. Sie leben im selben Körper.

Ich war nicht überrascht, als Dr. Martin Murphy im weißen Arztkittel die Tür öffnete. In dieser Rolle fühlt er sich wohl. Er lächelte herzlich, breit, als er mich durch sein Labor führte – mit der Aufregung eines kleinen Jungen, der seine Mutter durch einen Spielzeugladen lotst. »Wenn Sie 1975 hergekommen wären«, sagte er, »hätten Sie einen einzigen Raum von ca. sechzig Quadratmetern betreten, der mit Apparaten und Zentrifugen angefüllt war, und Sie hätten sich wie in einer vollbesetzten U-Bahn durchschlängeln müssen, um ein freies Fleckchen zu finden. Heute umfaßt das Labor achtzehnhundert Quadratmeter. Aber es war damals eine aufregende Zeit, denn damals war der große Wendepunkt.

Wissen Sie, wie ein Wissenschaftler Glück definiert? Glück bedeutet nach einer Nadel im Heuhaufen zu suchen und eine Farmerstochter zu entdecken. Wir haben entdeckt, wie man bösartige Zellen kloniert. Heute können wir eine Probe des lebenden menschlichen Tumors außer-

* Engl. cloning: Technik, von einem Organismus ein genetisch identisches Duplikat zu produzieren, indem man den Zellkern eines unbefruchteten Eis durch den Zellkern einer Körperzelle des Organismus ersetzt (A. d. Ü.)

halb des Körpers in eine künstliche Umgebung setzen und damit herumexperimentieren. Das heißt: Wir können der Zelle funktionale Fragen stellen, zum Beispiel: ›Bist du eine Krebszelle, die in einer Petri-Schale* wächst? Reagierst du auf Adriamyzin oder Zytoxan? – die Liste geht weiter –, oder bist du resistent gegenüber diesen Medikamenten? Wir können das alles außerhalb des Patienten testen und brauchen ihn nicht all diesen Experimenten auszusetzen, während er immer schwächer wird und seine Zeit und Energie zu Ende gehen.«

Als ich Marty Murphy bat, mir von dem Abend in Florida 1981 zu erzählen, als man einen karzinoiden Tumor in seinem Unterleib diagnostizierte, ließ das Lächeln ein wenig nach. »Es ist schwer«, sagte er, »aber vielleicht ist es gut, daß es schwer ist.«

Zu niemandes Überraschung hatte er auf die Nachricht von dieser Diagnose genauso reagiert, wie jeder Patient reagieren würde: »Ich stellte immer wieder die gleichen Fragen, hatte vergessen, daß ich sie schon gestellt hatte. Ich sagte: ›Ich komme damit schon klar, ich werde damit schon fertig‹, und ich war macho, macho in dem Sinn, daß ich meine Frau und meine Kinder davor schützen wollte, also behielt ich alles für mich. Diese Katastrophe ist ein Familienereignis, und sie hatten ein Recht darauf, sich mit mir zusammen davon zu erholen, in dem Maße, wie ich mich erhole. Ich mußte das in der Familie durchstehen, nicht als Einzelperson – ich habe eine Weile gebraucht, bis ich das einsah.

---

* Nach dem Berliner Bakteriologen Richard Julius Petri: runde Glasschale mit übergreifender Deckschale, Durchmesser etwa 10 cm; Verwendung für Bakterienkulturen u. a. (A. d. Ü.)

Es dauerte sehr lange, bis ich begriff, daß *ich* das Problem war und nicht meine Krankheit. Das machte mich wütend und wehrlos: ›Ich bin doch der, der die Probleme löst!‹

Lange konnte ich mit niemandem darüber sprechen, weil ich den Leuten ja nicht sagen konnte, was ich selbst nicht wußte. Ich sah mir die Mortalitätsrate an und dann Brendan, meinen Jüngsten, und ich dachte, ich würde es vielleicht nicht mehr erleben, daß er die Grundschule beendet, oder ich würde nicht mehr sehen, wie meine Töchter heiraten. Krebs ist eine unerträgliche Krankheit, und ich bin wahnsinnig wütend auf ihn. Ich bin es immer gewesen. Tatsache aber ist: Unsere Kinder und die Kinder unserer Kinder werden nicht nur eines Tages frei vom Krebs sein, sondern sie werden auch frei von der Angst vor dem Krebs sein.

Es ist wie der Witz von Moses, als er von dem Berg herunterkommt und diese Gesetzestafeln trägt. Da eilen ein paar von seinen Gefolgsleuten zu ihm hin und fragen: ›Meister, Meister, was ist geschehen?‹ Und er sagt mit dem strengen Gesichtsausdruck von Charlton Heston: ›Ich bringe eine gute und eine schlechte Nachricht. Die gute ist: Ich habe sie auf zehn heruntergehandelt. Und die schlechte: Ehebruch bleibt drin.‹

Beim Krebs gibt es eine gute Nachricht: immer mehr Patienten überleben ihn. Auch daß geforscht wird, ist eine gute Nachricht. Die schlechte ist, daß wir nicht schnell genug forschen.«

Es ist nicht schwer zu verstehen, was Marty Murphy zu seinem eigenen, privaten Kampf ums Überleben antreibt, aber wie funktioniert Dr. Martin Murphy, der Wissenschaftler? Wie kann er diesen Tatendrang und diese Leidenschaft in seiner Forschungsarbeit beibehalten, wenn er nie die Gesichter seiner Patienten sieht – nur eine lange Reihe von Petri-Schalen und Gewebeteilen in Inkubatoren? Er lächelte.

»1970 war ich sozusagen ein Mäusedoktor... ich klonierte Mäusezellen in Australien. Ich war im siebten Jahr nach meiner Promotion und lebte größtenteils vom Geld meiner Eltern. Als ich meinem Vater mitteilte, daß ich in die Staaten zurückkäme, um ein paar Vorträge zu halten, fragte er: ›Heißt das, daß du zum erstenmal in deinen 31 Jahren eine Anstellung bekommst, mit der du ein Einkommen erzielen wirst?‹ Also, wie auch immer, das St. Jude-Hospital stand als Nummer zwei auf meiner Vortragsliste. Und dort lernte ich Dr. Pinkel kennen, der jetzt Chef der Kinderheilkunde ist. Ich verbrachte zwei intensive Tage bei ihm, und dann rief ich von einem Motel aus meine Frau Annie an und sagte ihr, sie solle die Koffer packen und nach Memphis kommen.

Ich hatte noch nie direkt mit Patienten zu tun gehabt, geschweige denn mit Kindern. Im St. Jude gab es damals noch nicht das riesige Gebäude, den großen Klinikbau. Es hatte ganze sieben Betten. Alle Kinder wurden ambulant behandelt, oft nur im Wartezimmer, und dort, im Arm ihrer Mutter oder ihres Vaters oder ihrer Großeltern, bekamen sie ihre Infusionen, tropfenweise, intravenös. Er [der Krebs] war überall, und überall wurde auch das Essen erbrochen. Es war nicht zu vermeiden.

Dr. Pinkel richtete mir mein Labor gleich neben einem dieser Wartezimmer für Leukämiepatienten ein. Also ging ich zu Don [Pinkel] und sagte: ›Don, du hast all deine Versprechen gehalten‹ – und er ist bekannt dafür; sein Wort gilt. Ich sagte: ›Das einzige, worüber ich nicht mit dir geredet habe, ist, wohin mein Labor kommt. Ich muß es anderswohin haben, denn ich arbeite mit all diesen kleinen weißen und schwarzen Mäusen, und es ist einfach nicht gut für mich, wenn ich dauernd durch diese Wartezimmer mit diesen sich übergebenden Kindern hier muß, und Gott, Don, das ist...‹

Er sah mich an und sagte: ›Genau hier solltest du aber sein.‹ Ich sah das nicht ein. Ich habe Monate gebraucht, viele Monate. Ich habe eine Wut auf den Mann gehabt. ›Was macht der hier mit mir, zum Teufel? Und mit diesen Kindern? Diesen Patienten? Ich bin doch Forscher, Wissenschaftler. Ich bin doch keiner von diesen Klinikern. Du kümmerst dich um deine Patienten, aber ich beantworte Fragen der Zellteilung.‹

Dann, ganz plötzlich, wurde es mir klar. Wir sind Leute mit einer gemeinsamen Aufgabe. Zum erstenmal begriff ich, daß es wirklich ein Team sein mußte, es mußte eine Partnerschaft sein. Don sagte: ›Du hast Gelegenheit gehabt, Forschung zu betreiben. Jetzt trägst du die Verantwortung dafür, daß etwas dabei herauskommt.‹ Ich war bis dahin meinen eigenen Ambitionen gefolgt. Jetzt fing ich natürlich an, mich ganz dem Krebs im Kindesalter zu widmen.«

Dr. Murphy schwieg einen Augenblick, bevor er in seinen Erinnerungen fortfuhr:

»Ich mußte jeden Monat Knochenmark von einigen dieser kleinen Lümmel entnehmen, und sie schrien fürchterlich, und ich zwang mich hinzugehen und ihnen zu erklären, wieso es nötig war. Sie hatten ein Recht darauf zu wissen, warum das gemacht wurde. Sie wissen, wie ein Kind schreien kann und dieses Geschrei durchhält bis zu dem Punkt, wo es, glaube ich, weh tut. O Gott, ich erinnere mich an diesen kleinen Jungen und seine Eltern aus dem Osten von Tennessee... oben aus den Bergen kamen die, richtige Hinterwäldler, Bauern. Und bitterarm. Aber sie liebten diesen kleinen Jungen so. Er war einer von den ersten in der totalen Therapie, es waren drei, die sowohl Chemotherapie als auch Bestrahlungen bekamen, und soweit ich weiß, lebt er noch und hat wahrscheinlich inzwischen selbst schon Kinder.

An dem Tag damals erklärte ich ihm, daß nach den fünf aufeinanderfolgenden Knochenmarksentnahmen dies wahrscheinlich die letzte wäre, wenn sich nicht etwas Häßliches in der Schale entwickelte. Er sprang mir aufs Knie, beugte sich darüber, da war dieser kleine Rücken, in den ich immer wieder mit diesen fürchterlichen Nadeln hatte stechen müssen, um sein Knochenmark zu bekommen – und er nannte mich ›Superdoc‹ und sagte: ›Superdoc, ich hoffe, ich sehe dich nie wieder.‹ Und er drückte mich ganz fest an sich. Ich mochte ihn sehr gern, und ich hoffe, daß ich ihn nie wiedersehe.«

Als aus dem Morgen Mittag wurde, warf Dr. Murphy einen Blick auf sein Labor und holte tief Luft. Ich folgte seinem Blick. Wir standen in einer Krebs-Arena, wie sie Krebspatienten selten zu Gesicht bekommen, und doch lebt hier ihre Zukunft. In diesem kalten Labor – und anderen dieser Art, auf der ganzen Welt – wird ihre Zukunft in Reihen von Gewebekulturen in Petri-Schalen am Leben erhalten; in den Computern, Inkubatoren und Kühlschränken; unter den Mikroskopen, die in Reihen nebeneinander auf den

Arbeitstischen stehen; auf den Wandtafeln mit den seltsam aussehenden Gleichungen.

Ich bemerkte an seiner Wand eine kleine Holztafel mit einem Text darauf und lächelte, als ich mich daran erinnerte, wie eines der Kinder mir von dem Murphyschen medizinischen Gesetz erzählt hatte: »Je langweiliger und älter die Zeitschriften im Wartezimmer sind, um so länger mußt du auf deinen verabredeten Termin beim Arzt warten.«

Der Text auf der Tafel im Hipple Laboratorium lautet:

DIESE KREBSKRANKHEIT WIRD VON RUHIGEN, AUSDAUERNDEN MÄNNERN UND FRAUEN, DIE IN KLINIKEN UND LABORS ARBEITEN, AUS DEM LEBEN VERBANNT WERDEN. UND DAS, WAS DEN KREBS BESIEGEN WIRD, WIRD WEDER MITLEID NOCH ENTSETZEN SEIN. ES WIRD DIE NEUGIER SEIN AUF DAS WIE UND DAS WARUM.

An einem der ersten Tage des Jahres 1989 war meine Neugier so groß, daß ich Marty Murphy anrief, um zu hören, wie es ihm ging.

Er lachte: »Wenn es mir besser ginge ... würde ich mich selbst klonieren!«

Sei niemals pessimistisch!
Es kommt wahrscheinlich sowieso anders

»Better Mottoes« Association
Dayton, Ohio

Ich habe Ihnen in der Einführung zu diesem Buch von meiner Vermutung erzählt, daß ich am Ende nicht mehr die gleiche Person sein würde, die ich war, als ich es zu schreiben begann.

Ich habe mich darin nicht getäuscht.

Bevor ich, vor zweieinhalb Jahren, eingeladen wurde, die Welt des Krebs zu besuchen, dachte ich, ich kenne Kinder ziemlich gut.

Aber ich hatte nicht gewußt, wie widerstandsfähig Kinder sind – wieviel Schläge diese kleinen Körper einstecken und daß sie immer wieder lächelnd hochkommen können. Was ihre Gefühle angeht, sind sie wie Korken. Gerade wenn man denkt, nun seien sie für immer im Strudel der dunklen Wassermassen und rauhen Brecher verloren, tauchen sie wieder auf, um ahnungslos auf den Wellen dahinzutanzen und den nächsten Angriff zu erwarten.

Es gab noch andere Überraschungen. Ihre blitzschnelle Reife zum Beispiel. Ginger aus Tampa, Florida, erfuhr von ihrer Sozialarbeiterin, daß sie Leukämie hatte. Sie drehte sich zu ihrer Mutter um und sagte: »Du brauchst nicht zu bleiben, während wir das besprechen.« Die Mutter ging hinaus, um von dort der Unterhaltung zwischen der Sozialarbeiterin und ihrer vierzehnjährigen Tochter zu lauschen.

In einer modernen Gesellschaft, in der harte Maßnahmen und unbequeme Entscheidungen fast zu einem Klischee geworden sind, kann man nur Ehrfurcht gegenüber Kara in Greenwich, Connecticut empfinden. Sie sah ein, daß eine Knochentransplantation weitere Operationen nach sich gezogen hätte, weil man mit ihrem Wachstum hätte Schritt halten müssen, und entschied sich statt dessen dafür, sich das Bein abnehmen zu lassen. Ihre Familie war so erstaunt über ihre Ruhe, daß sie den Arzt fragten: »Meinen Sie, daß wir einen Psychiater hinzuziehen sollten? Sie ist nicht aufgebracht genug.«

Die Elfjährige legte all ihre Gefühle in ihre Gedichte, darunter ihre Version der »Zwölf Tage des Krebs«:

Am Zwölften Tag des Krebs
Gab mir mein Doktor
Zwölf Monate Remission
Elf verzweifelte Ärzte
Zehn Ewing-Tumore
Neun künstliche Glieder
Acht kahlköpfige Kinder
Sieben Paar Krücken
Sechs Amputierte
Fünf witzelnde Krankenschwestern
Vier flaumweiche Perücken
Drei Bluttests
Zwei Runden Chemo
Und eine große Nadel für meinen Arm.

Es gab noch andere Entdeckungen. Als ich einmal die Kinder nach den drei Wünschen fragte, die sie gern erfüllt sähen, hätte ich mir nicht träumen lassen, daß es so viele sechsjährige Jungen geben würde, die wußten, wie man Lamborghini buchstabiert, oder so viele Mädchen, die Tom Cruise heiraten wollten.

Aber am meisten überraschte mich ihr Humor. Vieles kam mir zuerst entsetzlich makaber vor... aber sie dachten und fühlten so. Ich persönlich habe immer gewisse Schranken gesetzt zwischen dem, was für mich witzig ist und dem, was ich nicht mehr als witzig empfinden kann. Man hat meinen Ausspruch zitiert: »Es gibt gewisse Dinge, über die macht man nun einmal keine Witze.« Ich habe mich geirrt. Das Lachen erhebt sich aus der Tragödie, wenn du es am meisten nötig hast, und belohnt dich für deinen Mut. Man kann sich nicht vorstellen, wie diese Kinder und ihre Familien ihre Last ohne Lachen hätten ertragen können.

Das Schwindelerregende des Augenblicks, in dem die fünfzehnjährige Jessica in Burlington, Vermont, mit einer Beinamputation unterhalb des Knies Fußball spielte und nicht nur der Ball, sondern auch ihre Prothese durch die Luft segelte und »die große, wunderbare, humorvolle Person, die ich bin« sich vor Lachen auf dem Boden krümmte.

Betsy aus Boston, Massachusetts, nennt den Optimismus und den Humor ihrer ›Hausmeister‹ während ihres Kampfes gegen den Krebs. So wird man die folgende Geschichte richtig verstehen. Die Siebzehnjährige betrat ein Behandlungszimmer, um sich einer Bestrahlung zu unterziehen. Mehrere Menschen in weißen Kitteln waren schon dort, also ließ sie ihr Kleid herunter und bereitete sich vor. Auf ihre Fragen hin mußte sie feststellen, daß die Leute in dem Raum keine Medizinstudenten waren, wie sie angenommen hatte, sondern Maler, die gerade die Kosten abschätzten, die eine Renovierung des Raums erfordern würde!

Erwähnenswert ist, daß der Vorfall sich 1965 ereignete, und Betsy fügte hinzu: »Ich wollte, es hätte damals vor vierundzwanzig Jahren irgendwelche Organisationen und Möglichkeiten gegeben, so daß ich Erfahrungen mit anderen hätte teilen können, statt heute Erinnerungen.«

Krebskranke Kinder haben eine einzigartige Haltung gegenüber ihrer lebensbedrohlichen Krankheit entwickelt. Statt zurückzublicken, schauen sie vorwärts. Ich habe festgestellt, daß alles in ihrem Leben eine neue Bedeutung annimmt und daß sie nichts für selbstverständlich erachten, keine Freundschaft... keine Freundlichkeit... nicht einmal, daß es eine Zukunft für sie geben wird. Keine gute Tat bleibt von ihnen unbemerkt. Eine Mutter aus Missouri legte ein Notizheft mit leeren weißen Seiten in das Zimmer ihres Sohnes Daniel, und alle, die kamen, um irgend etwas für ihn zu tun, wurden gebeten, einen Umriß ihrer Hand hineinzuzeichnen und mit ihrem Namen zu signieren.

Als Daniel die Klinik verließ, hatte er eine Sammlung von zweiundvierzig Händen – großen Händen, kleinen Händen, Händen, die den Fußboden wischten, Händen, die die Schale hielten, wenn er sich nach der Anästhesie erbrechen mußte, Händen, die ein Skalpell gehalten hatten.

Je länger ich mich mit dem Leben dieser Kinder beschäftigte, um so größer und deutlicher wurden sie in meinen Augen, und um so kleiner und unwissender wurde ich selbst. Wie oft hatte ich meinen eigenen Kindern mit den Schrecken der Welt da draußen und den Härten des Lebens gedroht. Wie oft hatte ich den Teufel an die Wand gemalt, daß sie eines Tages erwachsen sein würden und es dann mit einer brutalen und grausamen Welt und all ihren Belastungen und Verantwortungsbürden zu tun bekämen.

Und Krebs? Ist das nicht wirklich eine sehr *harte* Prüfung? Und trotzdem hat niemand diese Kinder darüber belehren müssen, wie sie damit umzugehen haben. Für sie ist es ein Umweg – eine Umleitung... fünfzehn Kilometer schlechte Wegstrecke in ihrem Leben, und sie nehmen sie schrittweise in Angriff, jeden Tag ein paar Schritte. Hätten wir das gedacht? Oder haben wir es nur vergessen?

Ich mußte sie kennenlernen, um es zu begreifen – und mich fragen, wann das Kind in mir verlorengegangen war. Wann war ich so unbeweglich geworden, daß ich nicht mehr mit den Kindern Ball spielen konnte, weil ich den Kühlschrank auftauen oder den Geschirrspüler leerräumen mußte?

Wann erblickte ich das neue Hundebaby und sah nur die Pfützen, die es machte – statt daß es etwas war, das ich liebhaben konnte und das mich liebhaben würde?

Und die vielen Kleinigkeiten. Wie lange war es her, daß ich eine wertlose Glasscherbe betrachtet und Diamant getauft hatte, weil ich die Kraft und den Optimismus besaß, etwas ganz nach Belieben in etwas anderes zu verwandeln.

Die Freuden, die ich mir bereitet hatte, indem ich Schnee und verbrannten türkischen Honig aß, mich selbst im Laub begrub, ausgelutschte Kaugummis sammelte, mir nasse Füße holte und den Hund küßte – sie alle waren größeren Erwartungen an das Leben gewichen, aber keine schien sich wirklich erfüllt zu haben, nichts hatte an jene ursprünglichen Freuden herangereicht. Ich war ja nicht einmal mehr bereit, die Augen zu schließen und die Hand auszustrecken, um eine Überraschung abzuwarten. Dieses Zutrauen hatte ich zuerst verloren.

Wann hatte ich angefangen, Beziehungen zu sezieren, statt einfach zu fragen: »Willst du meine Freundin sein?«

Ich könnte eine Litanei aus Worten produzieren, womit diese Kinder mein Leben (wieder) bereichert haben: Hoffnung, Optimismus, Stolz, Perspektive, Mitgefühl und Demut, Bescheidenheit. Aber das alles sind nur Worte, und wenn man sich nichts darunter vorstellen kann, bleiben es auch nur Worte.

Nehmen wir das Wort Hoffnung. Es kommt oft in diesem Buch vor – aber was ist Hoffnung? Wie sieht sie aus? Wie fühlt sie sich an? Welchen Geruch hat sie?

Eine Sozialarbeiterin bat einmal eine Gruppe von krebskranken Kindern und deren Geschwister, Hoffnung zu beschreiben. Die Kinder saßen nur da und antworteten ihr nicht.

Schließlich sagte die Sozialarbeiterin zu ihnen: »Gut, stellen wir uns vor, die Hoffnung wäre ein Tier. Wie sieht es wohl aus?«

Langsam, bedächtig fingen sie an, dieses mythische Tier zusammenzusetzen, das eine so mächtige Rolle in ihrem Leben spielte.

»Die Hoffnung ist ungefähr fünfundsiebzig Zentimeter groß.«

»Sie hat ein Fell und das ist flaumig weich.«

»Man kann sie streicheln.«

»Sie lächelt oft und hat blaue Augen und einen kurzen, buschigen Schwanz, mit dem wedelt sie. Ihre Farbe ist wie der Sonnenschein und das Glücklichsein. Das eine Ohr steht aufrecht hoch und das andere hängt herunter.«

»Sie kichert oft.«

»Wenn sie spricht, kannst nur du allein sie hören.«

»Die Hoffnung redet manchmal sehr laut. Sie muß lauter reden als die Angst.«

»Manchmal ist die Hoffnung schüchtern und versteckt sich gern irgendwo.«

»Manchmal kann man sie locken, daß sie zu einem kommt, aber meistens muß man Geduld haben und warten. Dann kommt sie zu einem.«

»Sie muß mit einem zusammen im Bett schlafen, weil sie zu schwach ist, draußen zu schlafen.«

»Wenn du nicht sehr gut für sie sorgst ... kann sie sterben.«

»Du darfst sie nicht zu fest drücken und dich nicht zu fest an sie klammern, weil sie dann zu groß wird ... und dann würde sie dich beherrschen.«

»Die Hoffnung ist ein Tier, das man nicht kaufen oder in einen Käfig sperren kann. Du mußt so lange nach ihr Ausschau halten, bis du sie findest.«

»Sie kommt nur zu dir, wenn du sie brauchst.«

»Die Hoffnung hat Nachkommen wie jedes andere Tier. Man darf sie nicht für sich behalten. Man gibt sie auch anderen Leuten, die so ein Tierchen brauchen.«

Für diese Kinder war Hoffnung ein sonniges Kaninchen von der Größe eines Bernhardiners.

Ich habe meine eigene Version.

Für mich ist das Tier Hoffnung klein. Manchmal hat es zwei Beine, manchmal nicht. Manchmal hat es Haare, und manchmal ist es kahl. Es kann gleichzeitig lachen und weinen. Es braucht nicht zu reden. Seine Gegenwart allein genügt schon, um den Lauf deines Lebens zu verändern.

Es hat einen Namen. Es heißt: ein Kind, das gegen den Krebs kämpft.

An dieser Stelle beendet Erma Bombeck ihre Aufzeichnungen, nicht aber ihr Buch. In der amerikanischen Originalausgabe folgen fast tausend Namen – von Melody Abott bis Shellie Zambrano. Es sind Namen von Menschen, kleinen und großen, die sich »im Krieg gegen den Krebs ausgezeichnet und unschätzbare Beiträge zu diesem Buch geleistet haben« (die Autorin).

Es ist eine Namensliste, die sich schier endlos verlängern ließe – allein in der Bundesrepublik um viele, viele Namen. Jährlich erkranken hier fünfzehnhundert Kinder neu an Leukämie und bösartigen Tumoren. Diese Kinder kämpfen, und mit ihnen Eltern, Geschwister, Ärzte und eine Vielzahl von Helfern. Auf den folgenden Seiten berichte ich über sie.

Barbara Reinecke

»Sind deine Haare wieder gewachsen?«

»Ist natürlich Wahnsinn, wenn man als Sechzehnjährige gesagt kriegt: ›Krebs‹. Wo man doch eigentlich das ganze Leben noch vor sich hat.«

Ingeborg, 18 Jahre alt
Bonn

Eine unermüdlich kämpfende und forschende ärztliche Wissenschaft hat in den letzten zwei Jahrzehnten in der Behandlung von Kinderkrebs große Fortschritte erzielt: Während noch vor fünfundzwanzig Jahren die meisten Krebserkrankungen bei Kindern tödlich verliefen, werden heute zwei von drei Kindern geheilt. Sie können wieder ein Leben führen wie ihre Altersgenossen. Doch hinter ihnen allen und ihren Familien liegen viele schwere Monate, oft auch Jahre, in denen sie unsäglich gelitten haben: Bestrahlung, Operation, Chemotherapie. Stunden und Tage, in denen sie mutlos waren und sich am Ende fühlten. Und danach noch Jahre, in denen sie jeder neuen Kontrolluntersuchung entgegenbangten und angstvoll zusammenzuckten, wenn an den Tagen danach das Telefon klingelte: Es hätte ja die Klinik sein können: »Es tut uns leid, aber dein Befund hat sich verschlechtert.«

Eine von ihnen ist Ingeborg aus Bonn.

Sie war sechzehn, als sie an einem Wilmstumor (Nierenkrebs) operiert wurde, und sie ist achtzehn, als sie sagt: »Ich weiß erst jetzt, was ›leben‹ heißt. Für mich ist heute nichts mehr selbstverständlich, meine Gesundheit nicht und auch nicht meine Familie und mein Freund. Irgendwie sehe ich mir sogar die Blätter an den Bäumen ganz anders an als früher. Wenn wir uns zanken, denke ich jetzt häufig, über was für einen unwichtigen Mist man sich doch streitet. Und dann entschuldige ich mich, ›es war ja nicht so gemeint‹. Ich wäre früher noch nicht mal auf die Idee gekommen, um Entschuldigung zu bitten.«

Wenn man Ingeborg fragt, was ihr während der Krankheit am meisten Mut gemacht und ihr geholfen habe durchzuhalten, kommt die Antwort prompt: »Meine Familie. Sie hat mir viel Kraft gegeben. Keiner hat in meiner Gegenwart geweint. Heute weiß ich, wie sehr sich alle zusammengerissen haben. Ich hab' mal gelesen: ›Krebskranke Kinder brauchen unsere Zuversicht, nicht unsere Tränen.‹ Mein Gott, wie das stimmt. Nein, ohne meine Familie hätte ich es nicht geschafft.«

Was bedeutet das für sie: »geschafft?«. Sie antwortet, vorsichtig: »Wenn der Krebs nicht wiederkommt, heißt das: Ich kann so leben, wie ich es mir wünsche – arbeiten, in die Ferien fahren, heiraten, Kinder. Aber das ist nicht selbstverständlich. Die Angst bleibt.« Früher, erzählt sie, habe sie aus Jux schon mal zu einer Wahrsagerin gehen wollen, »mal so hören, was die mir prophezeit«. Heute würde sie das »nie, nie machen«. Ihre Augen blicken ernst, fast traurig. Diesem Mädchen ist das Kindsein jäh entrissen worden.

Wolfgang, ihr Freund, hat in der schweren Zeit zu ihr gestanden. Die beiden waren gerade erst drei Monate befreundet gewesen, als der Krebs auftrat: ein immer dicker werdender Knubbel seitlich unterm Brustkorb. Der behandelnde Professor hatte damals zu Wolfgang gesagt: »Junge, trenn dich lieber jetzt von ihr. Später wird es viel schlimmer für sie. Du hältst das nicht durch.«

Wolfgang blieb. »Es war mein Wille«, sagt er später. Basta. Und er ertrug es, wenn die Freundin aggressiv wurde (auch das eine typische Reaktion auf die Therapie) und schlapp durchs elterliche Haus kroch, als sie bis aufs Skelett abmagerte, eine Glatze bekam, nicht mehr sprechen und sich nur noch über eine Nasensonde ernähren konnte, weil der Mund eine einzige große Wunde war. Wenn ihre Launen ihm allerdings unerträglich schienen, dann konnte er auch »schon mal zurückschreien«. Ingeborg fand das »total okay«. Verzärtelt werden wollte sie nicht.

Als sie sich für dieses Buch interviewen läßt, ist sie – fast – wieder die alte: bildhübsch, mit rosigem Teint, voller Pläne (»mit Wolfgang Urlaub in Spanien machen«). Die Haare sind nachgewachsen (»viel dunkler als früher, und plötzlich hab' ich auch Locken«), sie hat ihre unterbrochene Ausbildung zur Arzthelferin wieder aufgenommen und reitet, wie früher, stundenlang aus.

Noch hat sie etwas Mühe, mit Menschen zusammenzukommen – den ehemaligen Klassenkameraden, den Nachbarn, den Leuten aus ihrem Viertel. »Das Gerede ist mir die ganze Zeit auf den Geist gegangen. Immer diese Fragen. Meine kleine Schwester kam oft heulend aus der Schule. Sie wurde gefragt: ›Hat die Ingeborg jetzt gar keine Haare mehr auf dem Kopf?‹ Meine Mutter hat sich kaum noch getraut, einkaufen zu gehen. Und wenn mich einer fragte: ›Sind deine Haare wieder gewachsen?‹, dann habe ich einfach geantwortet: ›Tut mir leid, ich hab' sie heute noch nicht danach gefragt.‹«

Es sei schwierig, gibt Ingeborg zu, zwischen Anteilnahme und purer Neugierde zu unterscheiden. Sie weiß auch, daß ihr Gegenüber vielleicht vor dem Problem steht:

»Soll er so tun, als wüßte er von nichts, oder soll er mich auf meine Krankheit ansprechen?«

Wie soll man sich als Gesunder verhalten?

Ingeborg: »Es reicht doch, mich zu fragen, wie es mir geht. Wenn ich dann reden möchte, tu' ich das auch. Wenn nicht – eben nicht. Das muß meine Entscheidung bleiben.«

Auch gegen allzu saloppe Töne ist sie allergisch, heute noch. Wenn ihr ein ehemaliger Mitschüler, den sie zufällig im Bus trifft, auf die Schulter klopft und ihr versichert: »Das wird schon wieder!«, dann findet Ingeborg das »total blöd«. Sie meint: »Dann soll er besser gar nichts sagen, er hat doch keine Ahnung.«

Nachdenklich fährt sie fort: »Aber Ahnung hatte ich ja vorher auch nicht. Was wußte ich schon von Krebs? Das ist eben so ein Tabu-Thema. Deshalb finde ich es prima, wenn darüber mehr geschrieben wird.«

»Ich wußte so wenig über Krebs«

»Der richtige Umgang mit der Wahrheit ist eine ganz wesentliche Basis für schlimme Zeiten. Er kann sogar gegen unerträgliche Schmerzen helfen.«

Professor Dietrich Niethammer,
Universitäts-Kinderklinik Tübingen

Krebs. Die Diagnose stürzt Kinder in Erschrecken und Angst, Eltern in Fassungslosigkeit und Verzweiflung. Meistens sind es dann die Kinder, die sich als erste der grausamen Realität stellen. Selbst Kinder, denen die volle Wahrheit nicht gesagt wird, spüren schnell, was mit ihnen los ist, und nicht selten kommt es vor, daß sie ihre Eltern schonen wollen. Und deshalb nicht wagen, mit ihnen über ihre Krankheit zu sprechen. Dabei brauchen sie gerade dieses Gespräch dringend, denn sie wollen von ihren Eltern mit all ihren Problemen angenommen sein. Sie wollen wissen: »Was passiert, wenn ich nicht geheilt werde? Was kommt nach dem Tod?« Ein Schweigen auf diese Fragen kann ihnen große seelische Not bereiten. Und Schmerzen, wie der folgende Fall zeigt.

Professor Niethammer berichtet: »Regina war ein zehnjähriges Mädchen, das nach einem Rückfall ihres Tumors bei uns aufgenommen werden mußte, weil sie entsetzliche Schmerzen hatte. Wir konnten uns diese von den Befunden her nicht erklären. Das sonst so fröhliche Mädchen wirkte ausgesprochen verstört. Die Betäubungsmittel erreichten nur, daß sie entweder schlief oder vor Schmerzen schrie, wenn sie wach wurde. Bei einem Gespräch mit den Eltern versuchte ich herauszubekommen, ob sich irgend etwas im Verhältnis zwischen ihnen und Regina geändert hatte. Der Vater gab an, daß er sich das nicht vorstellen könne und daß sie gerade noch vor einigen Tagen sehr intensiv darüber gesprochen hätten, daß die Krankheit und der kommende Tod Gottes Wille sei, den man akzeptieren müsse.

Dies klang sehr nüchtern, und ich fragte ihn, ob er denn seiner Tochter in diesem Zusammenhang deutlich gemacht habe, daß er trotzdem verzweifelt sei bei dem Gedanken, sie zu verlieren. Er meinte, daß er das nicht tun könne, da man ihr sonst die letzte Hoffnung nehme. Meine Versuche, ihm deutlich zu machen, daß es aber genau das sei, was Regina wissen müsse, machten ihn zornig. Er verbat sich die Einmischung in seine Privatangelegenheiten. Die Eltern nahmen das Kind trotz der Schmerzen am selben Tag mit nach Hause.

Eine Woche später kam die Mutter mit ihr in die Poliklinik. Regina war völlig schmerzfrei und fröhlich. Ich fragte die Mutter, ob in der Zwischenzeit etwas geschehen sei. Sie bejahte es und sagte: ›Sie erinnern sich ja an unser letztes Gespräch, bei dem mein Mann so böse auf Sie war. Zwei Tage später hat Regina ihn angeschrieen, es sei ihm ja völlig egal, daß sie sterben müsse.‹ Der Vater sei daraufhin in Tränen ausgebrochen und habe seinem Kind deutlich gemacht, daß allein der Gedanke daran ihn völlig verrückt mache. Von da an brauchte Regina keine Schmerzmittel mehr. Der Grund ihrer Verzweiflung war verschwunden: Sie hatte Angst um die Liebe ihres Vaters gehabt, sie hatte sich von ihm verlassen gefühlt.«

Das meiste habe er von den Kindern selbst gelernt, bekennt Professor Niethammer. »Sie haben mir beigebracht, daß es wichtig ist, ihnen die Wahrheit zu sagen, und daß Lügen – auch Notlügen – immer falsch sind. Sie sind häufig weniger barmherzig für den Patienten, als wir glauben. Meist schützen wir uns damit nur selbst. Das Vertrauen der Kinder in uns basiert auf Wahrheit. Die Kinder lesen in den Gesichtern ihrer Eltern und auch in denen der Ärzte und aller anderen, die sie betreuen, wie in einem Buch. Wenn wir lügen, stimmen Text und Bild nicht überein.«

Erfahrungen wie die von Professor Niethammer helfen vielen Menschen weiter. Daß er sie überhaupt an einen größeren Kreis weitergeben kann, liegt an dem glücklichen Umstand, daß den Betroffenen heute viel mehr Informationsmaterial an die Hand gegeben wird als noch vor wenigen Jahren. »Ich wußte so wenig über Krebs«, berichtet eine Mutter, deren Sohn 1980 an einem Osteosarkom erkrankt war, einem Knochentumor, »ich mußte mir alles mühsam erfragen, die Ärzte hatten oft keine Zeit, da bin ich in die Büchereien gerannt, sogar in der Universitätsbibliothek habe ich versucht, mehr über die Krankheit und die Behandlung und die Nebenwirkungen zu erfahren.«

Ihr Kind hat den Krebs nicht überlebt, doch die Mutter hat weitergekämpft, »damit andere Kinder bessere Chancen bekommen«. So wie diese Frau haben oft betroffene Eltern reagiert. Sie gründeten Initiativen, spendeten, sammelten, mobilisierten die Öffentlichkeit und die Politiker. Heute ist das Land von einem Netz aktiver Elterngruppen, Beratungsstellen und Fördervereine überzogen (siehe Anschriften-Liste im Anhang des Buches, Seite 227 ff.).

Sie alle kämpfen für das große Ziel: Alle Kinder sollen einmal von ihrer Krankheit geheilt werden können.

Plötzlich ist die Krankheit da

»Unsere Patienten profitieren davon, daß sich in der Kinderheil-kunde frühzeitig Ärzte dazu entschlossen haben, in der Behand-lung von Krebserkrankungen zusammenzuarbeiten.«

Professor Udo Bode,
Universitäts-Kinderklinik Bonn

An der Johannes Gutenberg-Universität Mainz wird seit 1980 das »Kinderkrebsregister« geführt. Es erfaßt die Daten von mittlerweile fast 13 000 Patienten, die im Laufe der Jahre aus den Krankenhäusern der Bundesrepublik gemeldet wurden. Von den jährlich 1500 neuerkrankten Kindern sind mehr als die Hälfte zwischen fünf und fünfzehn Jahren alt. Der Anteil der Ein- bis Vierjährigen beträgt 33, der Säuglinge knapp zehn Prozent. Eigenartigerweise erkranken häufiger die Knaben an Krebs (57%), und zwar in jeder der Altersgruppen. Am häufigsten heißt die Diagnose bei den Kindern: Leukämie.

Die Krankheit kann plötzlich und meist ohne vorherige Warnung auftreten. In den Anfängen der Leukämiebehandlung wurden die Medikamente vorsichtig und einzeln eingesetzt. Der Heilungserfolg war minimal. Erst der schnell hintereinanderfolgende Einsatz von vielen Medikamenten brachte zu Beginn der siebziger Jahre den therapeutischen Durchbruch. Die Überlebenschancen der kleinen Patienten stiegen sprunghaft an, allerdings auch die Nebenwirkungen. Doch die Ärzte lernten, mit ihnen umzugehen und sie zu beherrschen.

Die Behandlung krebskranker Kinder ist in der Bundesrepublik auf fünfunddreißig Kliniken konzentriert. Ihre

Ärzte stehen über eine Therapiekommission in einem ständigen Erfahrungsaustausch. Er soll garantieren, daß negative und positive Neuentwicklungen auf dem Sektor der Krebsbehandlung sofort bei allen Patienten berücksichtigt werden.

Diese Zusammenarbeit wird als beispielhaft angesehen und gilt international als vorbildlich (die Krebstherapie der Erwachsenen ist beileibe noch nicht so weit). Zudem zeichnen sich weitere Aktivitäten ab, deren wichtigste 1989 begonnen hat: eine Studie zur Erforschung der Krebsursachen. Am Statistischen Institut Mainz werden von den Familien krebskranker Kinder in umfangreichen Bögen Daten gesammelt, die Aufklärung über mögliche Zusammenhänge von Umweltfaktoren und/oder familiären Einflüssen auf die Erkrankung bringen sollen. Aus diesem Projekt erhoffen sich die Krebsforscher sichere Aussagen über die Entstehung der Erkrankungen im Kindesalter und damit eine wesentliche Hilfe für die Zukunft.

Die Nachsorge
und die Sache mit der Sauce

»Ich lade sechs deutsche Kinder zu mir nach Amerika in meine ›Bruchbude‹ ein.«

Paul Newman, Hollywood-Star

Der Kampf gegen den Krebs wird von der ganzen Familie geführt, oft bis an den Rand des Zusammenbruchs. Die Belastungen sind zuweilen so groß, daß Ehen in Gefahr geraten, daß Geschwister plötzlich aggressiv werden oder sich völlig zurückziehen, und auch die Beziehung zwischen Mutter und krankem Kind kann nachhaltig gestört werden. Daher stellt sich eine gezielte Nachsorge nicht nur für den Patienten selbst, sondern auch für die Familienangehörigen als immer dringlicher heraus. Es werden Stätten gebraucht, an denen alle wieder ihre Kräfte auftanken können.

In der Bundesrepublik existieren bisher vier solcher Nachsorgezentren, in denen die Kinder allein oder auch mit ihrer Mutter oder der ganzen Familie physisch und psychisch regenerieren können. Nach den schweren Monaten der Therapie erhalten sie hier die Gelegenheit, mit Hilfe geschulter Kräfte ihre traumatischen Erfahrungen aufzuarbeiten und einander wieder entspannt zu begegnen. Diese kurähnlichen Aufenthalte haben sich auch für die Väter als hilfreich erwiesen: Hier können sie sich, meist im Gespräch mit anderen betroffenen Männern, zu ihren Gefühlen der Angst, Wut und Trauer bekennen – Gefühle, die sie so lange mannhaft unterdrückt hatten.

Ein wesentlicher Aspekt ist auch die Normalisierung der

Mutter-Kind-Beziehung. Vor allem die älteren Kinder drängen weg von weiterer Fürsorge und Behütung, weil sie dies in diesem Alter auch als Bevormundung verstehen. Die Amerikaner haben das Problem auf eine Weise gelöst, die auch von deutschen Fachleuten als beispielhaft angesehen wird: mit ihren Camps für krebskranke Kinder. Sie sind über das ganze Land verteilt, und wie lebhaft es darin zugehen kann, hat Erma Bombeck geschildert.

Ein Aufenthalt im Camp dauert in der Regel nicht länger als zwei Wochen. Doch sind es herrliche zwei Wochen – wild und frei, Dreck und Unordnung eingeschlossen. Ohne Mutter, die ängstlich mahnt. Eines dieser Camps steht im US-Staat Connecticut, drei Autostunden von New York entfernt. Es trägt den Namen »The Hole in the Wall Gang«, was soviel heißt wie: Bruchbude. Umgerechnet dreißig Millionen Mark hat die »Bruchbude« gekostet, und sie enthält alles, was die Insassen brauchen – von ihrem einfachen Blockhausbett bis zur modernsten medizinischen Betreuungsapparatur. Den Löwenanteil der Baukosten hat der Hollywood-Star Paul Newman beigesteuert, genauer: seine Saucenfabrik.

Paul Newman, als Nachfahre italienischer Einwanderer ein Freund guten Essens, war mit den handelsüblichen Salatsaucen nicht zufrieden. Als begeisterter Hobbykoch kreierte er seine eigene, und als er merkte, wie gut sie auch bei seinen Freunden ankam, brachte er den Damen des Hauses hinfort statt Blumen ein Fläschchen mit seiner Sauce mit. Schon bald wollte alle Welt Newmans Sauce haben. Heute sind vier Fabriken mit der Produktion beschäftigt, doch jeder Cent Gewinn – so will es der Star – wird in soziale Einrichtungen gesteckt. In acht Jahren sind weltweit fünfundzwanzig Millionen Dollar zusammengekommen. Den größten Teil des Geldes stellte Newman für den Bau seiner »Bruchbude« zur Verfügung.

Inzwischen wird »Newman's Own« auch in der Bundesrepublik verkauft, und die ersten Spenden sind bereits geflossen, an hiesige Institutionen, denn Paul Newman hat verfügt, daß die Gewinne in dem jeweiligen Land bleiben sollen. Außerdem lud der Star die erste Gruppe deutscher Kinder ein, im nächsten Sommer in sein Camp zu kommen. Dr. Gerlind Bode vom Dachverband Deutsche Leukämie-Forschungshilfe – Aktion für krebskranke Kinder e. V. in Bonn meint: »Wer weiß, vielleicht gibt es hier eines Tages auch so ein Camp.«

Es gibt noch so vieles zu tun im Kampf gegen den Krebs der Kinder. Er wurde bisher beispielhaft geführt, und die Erfahrungen – so wünschen es die Verantwortlichen – sollen weitergegeben werden an alle anderen chronisch kranken Kinder.

Spendenkonten:
Deutsche Leukämie-Forschungshilfe (DLFH),
Postgiroamt Essen (BLZ 360 100 43), Konto 36 36-436,
Sparkasse Bonn (BLZ 380 000 00), Konto 23 002 447

Verzeichnis aller uns bekannten Elterngruppen in der Bundesrepublik

(* = Mitglied im Dachverband Deutsche Leukämie-Forschungshilfe)
(** = Mitglied der Kinderhilfe Berlin)

Aachen*	Förderkreis: Hilfe für krebskranke Kinder e. V. Kullenhofstraße 52, 5100 Aachen ☎ (02 41) 8 61 31
Augsburg*	Elterninitiative krebskranker Kinder Augsburg e. V. Vors.: Helga Berghammer Postfach 11 04 28, 8900 Augsburg 11 ☎ (08 21) 52 54 07
Berlin*	Kinderhilfe -- Hilfe für leukämie- und tumorkranke Kinder Berlin e. V. Vors.: Jürgen Schulz Grimmelshausenstraße 29, 1000 Berlin 22 ☎ (0 30) 3 65 25 96
Berlin-Buch**	Elterninitiative Berlin-Buch, Kontakt: Jürgen Kleemann, Ahrenshooper Str. 22, O-1093 Berlin

Berlin-Charité	Kontakt: Uwe Cordes, Hennecker Str. 88, O-1142 Berlin ☎ (00 33 72) 3 32 48 41
Bonn*	Förderkreis für Tumor- und Leukämieerkrankte Kinder e. V. Vors.: Lutz Hennemann Joachimstraße 20, 5300 Bonn 1 ☎ (02 28) 21 51 31
Bottrop*	DLFH – Aktion für krebskranke Kinder, Ortsverband Bottrop e. V. Vors.: Helmut A. Spidlen Bussardweg 8, 5885 Schalksmühle ☎ (0 23 55) 35 49/34 70
Bremen*	Elternverein Leukämie- und Tumorkranker Kinder Bremen e.V. Vors.: Frau Müller Osterholzer Möhlendamm 18 2800 Bremen ☎ (04 21) 42 40 07
Chemnitz*	Elternverein krebskranker Kinder e. V. Chemnitz, Vors.: Günter Spielvogel, Alfred-Neubert-Str. 26, O-9051 Chemnitz

Coburg*	Elterninitiative krebs- kranker Kinder Coburg e.V. Vors.: Heike Kittel Hutstraße 65 a, 8630 Coburg ☎ (0 95 61) 3 65 73
Datteln	Elterninitiative tumorkranker Kinder der Vestischen Kinderklinik Datteln Vors.: Frau Czeslik Grullbadstraße 18, 4350 Recklinghausen ☎ (0 23 61) 65 36 11
Dortmund*	Elterntreff leukämie- und tumorerkrankter Kinder e.V. z. Hd. Annelies Welzel Tiefe Mark 37, 4600 Dortmund 41 ☎ (02 31) 48 35 17
Dresden*	Förderkreis für krebskranke Kinder e. V. Dresden, Vors.: Dr. Peter Liebig, Postfach 127, O-8019 Dresden, ☎ 33 34 60
Düsseldorf	Elterninitiative Kinderkrebsklinik e.V. Düsseldorf Vors.: Ursula Zappey Ohlauer Weg 14, 4000 Düsseldorf 12 ☎ (02 11) 27 99 98

Ennepetal	»Henri Thaler e. V.«, Selbsthilfegruppe für Eltern krebskranker Kinder und Jugendlicher im Ennepe-Ruhr-Kreis, Vors.: Helga Thaler, Kalkstr. 17, 5828 Ennepetal ☎ (0 23 33) 7 48 47
Erfurt	Kontakt: Steffen Liebert Ringbergstraße 15, O-6019 Suhl-Nord
Erlangen	Elterninitiative krebs- kranker Kinder, Erlangen e.V. Vors.: Marita Ulrichs An der Klemm 18, 8555 Adelsdorf-Aisch ☎ (0 91 95) 74 21
Essen*	Elterninitiative zur Unterstützung krebskranker Kinder e.V. Vors.: Peter Hennig Postweg 148, 4200 Oberhausen 11 ☎ (02 08) 64 40 64
Frankfurt*	Hilfe für krebskranke Kinder Frankfurt e.V. Vors.: Helga von Haselberg Komturstraße 4, 6000 Frankfurt 71 ☎ (0 69) 67 10 33 / 34

Freiburg*	Förderverein für krebskranke Kinder e.V. Freiburg z. Hd. Gretel Sillmann-Richter Mathildenstraße 4, 7800 Freiburg ☏ (07 61) 27 52 42
Gießen*	DLFH – Aktion für krebskranke Kinder e.V. Ortsverband Gießen Vors.: Ingeborg Müller Stettiner Ring 11, 6382 Friedrichsdorf ☏ (0 61 72) 74 50 00
Göttingen*	Elternhilfe für das krebskranke Kind Göttingen e.V. Vors.: Otfried Gericke Zur Scharfmühle 68, 3400 Göttingen ☏ (05 51) 79 57 09
Greifswald	Greifswalder Förderkreis krebskranker Kinder e. V. Vors.: Walter Hanemann, Geschw.-Scholl-Str. 18, O-2120 Ueckermünde, ☏ (00 37) 99 96 75 24
Halle	Elterngruppe Kontakt: Renate Steinbach, S.M.-Kirow-Str. 36, O-4070 Halle

Hagen	Arbeitskreis krebskranker Kinder und Jugendlicher im Deutschen Kinderschutzbund Riegestr. 19, 5800 Hagen 1 ☎ (0 23 31) 7 75 88 / 7 79 88
Hamburg	Eltern-Selbsthilfegruppe Hamburg Fritz und Rosemarie Groß Groten Hoff 13, 2000 Hamburg 67 ☎ (0 40) 6 03 84 87
Hamburg	Fördergemeinschaft zur Erforschung und Heilung von Krebskrankheiten bei Kindern e.V. Hamburg Vors.: Dr. Hinrich Jenckel Klosterstieg 15, 2000 Hamburg 13 ☎ (0 40) 44 66 55
Hannover*	Verein zur Förderung der Behandlung krebskranker Kinder e.V. Vors.: Ulrike Baum Brabeckstraße 56, 3000 Hannover 71 ☎ (05 11) 52 36 56
Heidelberg*	DLFH – Aktion für krebskranke Kinder, Ortsverband Heidelberg e.V. Vors.: Gabriele Geib Silcherstraße 17, 6921 Spechbach ☎ (0 62 26) 4 03 33

Heilbronn*	Elterninitiative für krebskranke Kinder Heilbronn Peter Matt Moltkestraße 86, 7100 Heilbronn, ☎ (0 71 31) 16 25 31
Jena	Elterninitiative für krebskranke Kinder e. V. Jena Kontakt: Dr. Susanne Grjasnow Ebereschenstr. 14/453, O-6902 Jena-Lobeda
Kaiserslautern	Elterngruppe leukämie- und tumorkranker Kinder e. V. Gudrun Schulz Tirolfstraße 27 6750 Kaiserslautern ☎ (06 31) 4 27 35
Karlsruhe*	Förderverein für krebskranke Kinder Karlsruhe Vors.: B. Bitterwolf-Knam Neuestraße 12 7551 Elchesheim–Illingen ☎ (0 72 45) 41 49
Kassel*	Verein für krebskranke Kinder Kassel e.V. Vors.: Chr. Holzenburg Kölnische Straße 84, 3500 Kassel ☎ (05 61) 6 84 99

Kempten/Allgäu	Förderkreis für krebskranke Kinder im Allgäu e.V. Kontakt: Franz und Gerda Hantmann Leutkircher Straße 24, 8900 Kempten ☎ (08 31) 8 57 55
Kiel	Förderkreis für krebskranke Kinder und Jugendliche e.V. Vors.: Holger Braun Diesterwegstraße 34, 2300 Kiel 1 ☎ (04 31) 68 58 23/55 13 66
Koblenz	Elterninitiative krebskranker Kinder Koblenz e.V. Helma Kutzner Marienstraße 54, 5424 Kamp-Bornhofen ☎ (0 67 73) 6 67
Köln	Verein zur Selbsthilfe krebskranker Kinder und Jugendlicher Elternverein Köln und Umgebung Vors.: Ulrich Ropertz Ölbergstraße 20, 5000 Köln 41 ☎ (02 21) 4 30 14 33
Konstanz	Förderkreis krebskranke Kinder Konstanz Kontakt: Petra Lubke Breslauer Straße 6, 7750 Konstanz ☎ (0 75 33) 56 07

Krefeld*   Verein zugunsten krebskranker
                  Kinder Krefeld e.V.
                  Vors.: Klaus Duczek
                  Am Mühlenturm 60, 4234 Alpen
                  ☎ (0 28 02) 64 84

Leer*   Elterninitiative für krebs-
                  kranke Kinder und Angehörige
                  Kontakt: A. und H. Kroon
                  Fettpottsweg 27, 2959 Leer
                  ☎ (04 91) 7 15 38

Leipzig*   Elternhilfe für krebskranke Kinder
                  Leipzig e. V.,
                  Vors.: Renate Strohmann
                  Holbeinstr. 77, O-7031 Leipzig

Ludwigsburg*   Elterngruppe für krebskranke
                  Kinder und Jugendliche
                  Ludwigsburg e.V.
                  Vors.: Ilse-Irmgard Dörges
                  Achalmstraße 6, 7141 Möglingen
                  ☎ (0 71 41) 48 22 81

Ludwigshafen*   DLFH – Aktion für krebskranke
                  Kinder OV Ludwigshafen
                  Vors.: Otto Spieske
                  Brucknerstraße 18, 6719 Eisenberg 3
                  ☎ (0 63 51) 35 49

Lübeck	Lübeck – Hilfe für krebskranke Kinder e.V. Vors.: Edith Carstensen Ziegelstraße 187 e, 2400 Lübeck ☎ (04 51) 89 36 27
Lüneburg	Selbsthilfegruppe für Eltern mit krebskranken Kindern Kontakt: Brigitte Feldner Lerchenweg 14, 2125 Salzhausen ☎ (0 41 72) 75 27
Magdeburg	Magdeburger Förderkreis krebskranker Kinder e. V., Vors.: Dr. Gerhild Bartels, Am Stadtblick 30, O-3035 Magdeburg
Mainz	Förderverein für Tumor- und Leukämiekranke Kinder e.V. Vors.: Volker Nelgen Am Linsenberg 14, 6500 Mainz 1 ☎ (0 61 31) 23 72 34 Fax: (0 61 31) 23 35 28
Mannheim*	DLFH – Aktion für krebskranke Kinder, Ortsverband Mannheim e.V. Vors.: Martin Stachniss Im Wirbel 62, 6800 Mannheim 81 ☎ (06 21) 87 19 68

Marburg	Elterninitiative für Leukämie- und Tumorkranke Kinder Marburg e.V. Vors.: Liugard Kant Jahnstraße 10, 3554 Gladenbach ☎ (0 64 62) 74 10
Minden*	Elternselbsthilfe krebskranker Kinder Minden Vors.: Renate Oevermann Tuchtanger 9, 4955 Hille ☎ (0 57 03) 39 12
Mönchen-gladbach*	Deutsche Leukämie-Forschungshilfe Aktion für krebskranke Kinder OV Mönchengladbach e.V. Vors.: John MacDonald Odenkirchener Straße 289 4050 Mönchengladbach 2 ☎ (0 21 66) 4 09 07
München	EKiKo Verein zur Förderung des Eltern-Kind-Kontaktes im Krankenhaus e.V. Gruppe krebskranker Kinder Säckingenstraße 22, 8000 München 90 ☎ (0 89) 64 78 41

München	Elterninitiative Intern 3 e.V. im Haunerschen Kinderspital München Vors.: Ernst Bauer Birkenweg 7, 8062 Markt Indersdorf ☎ (0 81 36) 10 78
München	Elterninitiative krebskranker Kinder München e.V. Vors.: Richard Seifert Kapuzinerstraße 31, 8000 München 2
Münster*	Verein zur Förderung krebskranker Kinder Münster e.V. Vors.: Hans-D. Strotmeyer Am Borggarten 1 G 4400 Münster-Wolbeck ☎ (0 25 06) 14 02
Nordenham	Hilfe für krebskranke Kinder »Fussel«, Vors.: Heiner Westphal Sielstraße 30, 2890 Nordenham ☎ (0 47 31) 58 94
Nürnberg*	Elterninitiative krebskranker Kinder Nürnberg e.V. Vors.: P. Hübner Hintere Cramergasse 19 8500 Nürnberg 30 ☎ (09 11) 49 22 09

Saarbrücken*	Elterngruppe krebskranker Kinder Saarbrücken-Winterberg e.V. Vors.: Gerd Heckel Johannisstraße 15, 6600 Saarbrücken ☎ (06 81) 39 97 25
St. Augustin*	Elterninitiative krebskranker Kinder St. Augustin e. V. Vors.: Herbert Löhr Sonnenscheinstraße 10, 5210 Troisdorf ☎ (0 22 41) 7 36 61
Saarland	Elterninitiative krebskranker Kinder im Saarland e.V. Vors.: Christoph Zander Goethestraße 37, 6680 Neunkirchen ☎ (0 68 21) 2 77 87
Schwerin	Elterngruppe krebskranker Kinder Kontakt: Dr. Hannelore Schwarz Goesewinkler Weg 23, O-2752 Schwerin
Siegen*	Elterninitiative für krebskranke Kinder Siegen e.V. Vors.: Manfred Ohrndorf Adlerstraße 22, 5900 Siegen 22 ☎ (02 71) 8 37 06

Stuttgart	Förderkreis für krebskranke Kinder e.V. Stuttgart Vors.: Dr. Kl.-Peter Baatz Büchsenstraße 22, 7000 Stuttgart 1 ☎ (07 11) 29 73 56
Tübingen*	Förderverein für krebskranke Kinder e.V. Tübingen Vors.: Dr. Wolfram Buff Schwarzroßgäßle 10, 7950 Biberach/Riss ☎ (0 73 51) 1 28 29
Ulm	Förderkreis für tumor- und leukämiekranke Kinder Ulm e.V. Vors.: Edgar Raab Eythstraße 12, 7900 Ulm/Donau ☎ (07 31) 2 34 59
Viersen	Verein zur Unterstützung krebskranker Kinder e. V. Franz Josef Schürgers Nettetaler Straße 61, 4060 Viersen 11 ☎ (0 21 53) 29 03
Wiehl (Oberberg. Kreis)	Verein zur Selbsthilfe krebskranker Kinder und Jugendlicher – Elternverein Köln und Umgebung e. V. Vors.: Gerlinde Schmidt Oststraße 5, 5276 Wiehl-Oberbantenberg ☎ (0 22 62) 14 83

Wolfsburg*	»Heidi« Förderverein für
	krebskranke Kinder e. V. Wolfsburg
	Vors.: Georg Stege
	Reichenberger Ring 32, 3180 Wolfsburg 1
	☎ (0 53 61) 3 22 43/92 75 03

Würzburg* Elterninitiative für
leukämie- und tumorkranke
Kinder Würzburg e.V.
Vors.: Christel Lachner
Friedrichstraße 3, 8700 Würzburg
☎ (09 31) 41 28 44

Wuppertal* Initiative für krebskranke
Kinder e.V. Wuppertal
Vors.: Gabriele Jahn
Markusstraße 15, 5600 Wuppertal
☎ (02 02) 50 63 86

Weitere wichtige Adressen

(* = Mitglied im Dachverband Deutsche Leukämie-
Forschungshilfe)

Deutsche Leukämie-Forschungshilfe –
Aktion für krebskranke Kinder e.V. – Dachverband –
Vors.: Jürgen Schulz
Grimmelshausenstraße 29
1000 Berlin 22
☎ (0 30) 3 65 25 96
Dachverband-Büro:
Joachimstraße 20
5300 Bonn 1
☎ (02 28) 22 18 33

Deutsche Krebshilfe e.V.
Postfach 1467
Thomas-Mann-Straße 40
5300 Bonn 1
☎ (02 28) 7 29 90 – 0
Informations- und Beratungsdienst:
☎ (02 28) 7 29 90 –72

Grace-P.-Kelly-Vereinigung zur
Unterstützung der Krebsforschung für Kinder e. V.
c/o Petra K. Kelly
Postfach 41 01 54
5300 Bonn 1 oder
Pretzfelder Straße 12
8500 Nürnberg

Initiative zur Unterstützung
krebskranker Kinder im Saarland e. V.
Vors.: Peter Osterziel
Henry-Ford-Ring 31
6636 Überherrn
☎ (0 68 36) 14 54

KID – Krebsinformationsdienst
Deutsches Krebsforschungszentrum
6900 Heidelberg
☎ (0 62 21) 41 01 21

Kind-Philipp-Stiftung für Leukämieforschung
Stifterverband für die Deutsche Wissenschaft
Postfach 230360
4300 Essen
☎ (02 01) 71 10 51

Kontaktgruppe
Eltern krebskranker Kinder
Sabine Hegner
Bergkirchener Straße 83
4970 Bad Oeynhausen 4

Verein für krebskranke Kinder e.V. Darmstadt
Vors.: Dr. med. Buchhold
Gruberstraße 26, 6100 Darmstadt
☎ (0 61 51) 7 50 33

Verein zur Förderung
krebskranker und körperbehinderter Kinder
Lappersdorf e. V.
Fritz Anetzeder, Kareth
Spitalstraße 24, 8417 Lappersdorf
☎ (09 41) 8 08 35

Verein zur Unterstützung
krebskranker Kinder e.V.
Vors.: Marita Ohm
Marienstraße 10, 6600 Saarbrücken
☎ (06 81) 6 64 66

Verein zur Unterstützung
krebskranker Kinder e.V.
Vors.: Franz Josef Schürgers
Nettetaler Straße 61, 4060 Viersen 11
☎ (0 21 53) 29 03

Erfahrungen

Als Band mit der Bestellnummer 61 213 erschien:

Als Marie-Luise Schmidt und ihr Mann zur eigenen Tochter noch zehn Heimkinder aufnehmen, ahnen sie nicht, worauf sie sich eingelassen haben. Ihr Leben wird zu einem einzigen Abenteuer.

Erfahrungen

Als Band mit der Bestellnummer 61 158 erschien:

Als Tony Randazzo zwei Jahre alt war, diagnostizierten die Ärzte bei ihm Autismus. Niemand glaubte an die Chance einer Heilung – bis auf seine Mutter.

Erfahrungen

Als Band mit der Bestellnummer 61 156 erschien:

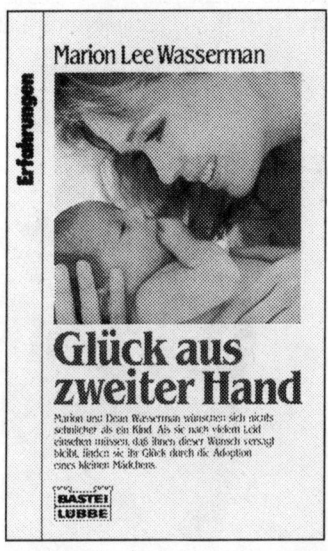

Viele Probleme und Rückschläge müssen Marion Lee Wasserman und ihr Mann überstehen, bevor sie endlich ihre kleine Adoptivtochter in den Armen halten dürfen.

Ein heiter-besinnliches Buch für junge Eltern

Als Band mit der Bestellnummer 11281 erschien:

In diesem Buch berichtet Bestsellerautor Dieter Zimmer über seine Erfahrungen, die er als junger Vater gemacht hat. Tröstliches, Nachdenkliches, Besinnliches befindet sich darunter, vor allem aber Humorvolles, gepaart mit einem Schuß Selbstironie.

Tagebuch
einer geplagten Mutter

Als Band mit der Bestellnummer 11801 erschien:

Jill Steinberg
Oh, diese
Quälgeister
Stoßseufzer einer geplagten Mutter
Roman

Drei Kinder, ein vorwitziger Drahthaardackel, zwei
drollige Shetlandponys und ein vielbeschäftigter Ehe-
mann – da gibt es mehr als genug zu tun. Mit einem
lachenden und einem weinenden Auge schildert die
Autorin das chaotische Familien- und Alltagsleben, aber
stets mit der notwendigen Prise Humor.

BASTEI
LÜBBE

Eine wundervolle Lektüre
für jung alt

Als Band mit der Bestellnummer 11 713 erschien:

Charlotte, die Schwester des Hallo-hier-bin-ich-Babys, erzählt lustige und aufregende Geschichten aus ihrer Familie, der Schule und dem Freundinnenkreis.

Köstlicher Lesespaß

Als Band mit der Bestellnummer 11466 erschien:

Von den Eltern »erzogen«, vom großen Bruder gehänselt und von Oma und Opa zu sehr verwöhnt zu werden ist für einen Sechsjährigen gar nicht so einfach, wie seine Tagebucheintragungen verraten. Natürlich stehen auch viele lustige und verrückte Begebenheiten darin, und es macht dem Leser großen Spaß, die wunderbare Welt der Kinder kennenzulernen.

Ein Lebenselixier
für gestreßte Mütter

Als Band mit der Bestellnummer 10976 erschien:

Auch in ihrem neuesten Buch beschreibt Erma Bombeck in unnachahmlicher Weise die Licht- und Schattenseiten des Mutter-»Berufs«. Die lieben Kinder, ob sie nun zwei sind oder zwanzig, erweisen sich nicht immer als reine Freude für ihre Mamas. Und das Problem ist, wie sie solche kritischen Situationen meistern, ohne den Glauben an ihren Nachwuchs und den Sinn für Humor zu verlieren.